이름 없는 왕

사르그 왕국

이름없는 왕 사르그 왕국

초판 1쇄 : 2025년 08월 01일
지은이 : 김인석
펴낸이 : 이희열
펴낸곳 : 바이블네비게이션 ㈜
출판신고 : 2006. 12. 07. NO 272
홈페이지 : www.biblenavigation.com
전화 : 010-4822-3217
판권소유 : 바이블네비게이션 ㈜
ISBN : 978-89-93667-27-1 (03230)

저작권자의 허락 없이 이 책의 일부
또는 전체를 무단 복제, 전재, 발췌하면 저작권법에 의해 처벌을
받습니다.

이름 없는 왕

사르그 왕국

저자 서문

어느 날이었다. 예고 없이 말씀의 영이 찾아오셨다. 그분은 말로 설명할 수 없는 방식으로, 내 영혼 깊은 곳을 꿰뚫으며 임하셨다.

그날 이후, 내 안에서는 어떤 불이 타오르기 시작했다. 무언가를 시작해야겠다는 계획도 없었고, 무언가를 쓰고 싶다는 의지도 없었다. 그런데 이상하게도, 말씀이 스스로를 풀어내기 시작했다. 그 기쁨은 말로는 다 담을 수 없는 기쁨이었다.

나는 단지 그 흐름을 따라갔을 뿐이다. 내가 쓴 것이 아니었다. 말씀이 말씀을 써내려가기 시작한 것이었다.

요한복음 3장 34절, "하나님께서 보내신 이는 하나님의 말씀들을 말하나니, 이는 하나님께서 그에게 성령을 한량없이 주시기 때문이라." 나는 이 구절을 오래도록 읽어왔고, 가르쳐왔고, 선포해왔다. 하지만 그날 이후, 이 말씀은 내게서 상징이 아닌 실제가 되었다.

성경 속 어떤 위대한 선지자나 특별한 믿음의 사람에게만 주어지는 말씀이라 생각했던 그 구절이 내 심령 깊은 곳에서 실제로 살아 움직이는, 실제적인 체험으로 다가오는 순간을 맞이했다. 그리고 나는 그 살아 있는 말씀의 흐름에 완전히 사로잡히고 말았다.

처음엔 나도 몰랐다. 왜 이렇게 말씀에 마음이 타오르는지, 왜 잠을 자지 않아도 피곤하지 않은지, 왜 밥을 먹지 않아도 배가 고프지 않은지.

나는 말씀의 영에 완전히 사로잡혔다. 그분은 결코 억지로 나를 끌고 가지 않으셨다. 그러나 나는 그 말씀과 함께하는 순간마다 마치 시간과 공간을 초월한 은혜의 세계, 깨어 있으나 꿈꾸는 듯한, 영혼 깊숙이 안식이 흐르는 말씀의 나라에 들어간 듯한 기분이었다.

거기엔 억압도 없고, 무게도 없고, 오직 한없는 기쁨과 멈추고 싶지 않은 교제가 있었다. 태어나서 이처럼 잠자는 시간과 먹는 시간이 아까워 보기는 처음이었다. 말씀과 함께 하고 있는 시간이 내가 살면서 맛본 가장 깊은 행복이었다.

풀리지 않던 말씀이 열릴 때마다, 성경 전체가 하나로 연결될 때마다, 내 안에서는 기쁨과 전율이 솟구쳤다.

나는 이 소설을 탈고하기까지 거의 잠들지 않고, 거의 먹지도 않고 써내려갔다. 이것은 결코 내가 의도한 금식이 아니었다. 말씀이 나를 금식시켰고, 내 안의 육적인 허기를 능히 이기게 하셨다.

나는 한 자리에 오래 앉아 있는 것을 어려워했고, 걷는 걸 좋아했고, 끊임없이 일하는 것을 즐겼고, 뭔가 생각이 나면 움직이지 않고는 견디지 못하는 성향이었다. 그래서일까, 지금까지 성경 통독을 연구하며 성경책 편저를 비롯하여 여러 권의 책을 써 왔지만, 그때는 기쁨보다 의무감이 컸기에 그 시간들을 회상하면 힘겨운 시간들이었다.

하지만 말씀의 영, 곧 성령께서 임하면서부터 나는 있는 자리에서 단 한 발짝도 움직이고 싶지 않게 되었다. 잠깐의 외출조차도 귀찮아졌다. 사람이 찾아오는 일조차 말씀과 교제하는 시간 안에서는 모든 것이 방해처럼 느껴질 정도였다.

오직 말씀, 그 말씀이 열리는 기쁨 하나면 충분했다. 말씀은 골수의 깊은 곳으로부터 흘러나오는 맛이었고, 장미에서 퍼지는 깊은 향기와도 같았다.

성경은 "그 말씀이 꿀보다 더 달다"라고 말한다. 나는 말씀 사역을 하며 이 맛을 자주 체험하긴 했지만, 이처럼 장시간, 이처럼 깊이 있는 맛의 향연은 처음이었다.

그 단맛은 혀끝이 아니라 내 영혼 깊은 곳에서부터 퍼져 나왔다. 그 달콤함은 어떤 쾌락이나 감정으로도 대체될 수 없는 존재 전체를 채우는 생명의 단맛이었다.

그 시간들은 내가 말씀을 다룬 시간이 아니었다. 말씀이 나를 가르치시는 시간이었고, 말씀이 나의 모든 생각을 지배하던 시간이었다.

나는 30년을 성경만을 붙들고 살아왔다. 성경사역과 수많은 세미나, '네비게이션 성경' 편저, 성경 전체의 각 장을 쉽게 기억하도록 만든 '황금돌판을 찾아서' 게임 앱, 남북 왕들의 역사 여행 등 각종 성경 통독을 위한 책들, 복음을 중심으로 설교를 훈련하는 아카데미 사역까지.

나는 처음부터 복음 아닌 것을 전한 적이 없었고, 말씀 외에 다른 것을 가르친 적도 없었다. 나의 사역은 처음부터 한 방향이었다. 하나의 중심, 하나의 흐름, 말씀이었다.

그러나 이번에는 나의 모든 사역이 단 시간에 하나로 통합되는 시간이었다. 내가 지금까지 전한 모든 복음과 말씀들이 말씀의 영 안에서 하나로 통합되기 시작했고, 그동안 어렵게 느껴졌던 요한계시록까지도 하나로 꿰어지듯 통합되며 펼쳐졌다. 그리고 보이지 않던 빛과 어둠, 영의 체제와 질서들이 선명하게 드러나기 시작했다.

분리되어 있던 것이 아니었다. 이미 연결되어 있었던 것들이 더 깊이, 더 명확하게, 더 강하게 전체로 열려진 것이다.

하나님은 나에게 성령을 한량없이 부어주셨고, 풀려야 할 말씀들을 생각나게 하셨고, 그 말씀들을 내 안에서 풀어나가셨다. 생각난 모든 말씀들이 내 이성과 판단을 넘어서 실타래처럼 풀려나갔다.

나의 손은 계속 움직였고, 나의 입은 끊임없이 말씀들을 읊조렸다. 이것은 나로부터 온 지식이 아니었다. 말씀 안에서 하나로 흐르는 흐름이었고, 생명이었다.

나는 소설을 쓴 적이 없다. 이 글도 처음부터 소설로 쓰려고 시작한 것이 아니었다.

말씀이 열릴 때마다 그 모든 말씀의 흐름을 기록했고, 그 장문의 기록문들은 수백 페이지를 넘어가며 자연스럽게 하나의 이야기로 연결되었다.

그렇게 탄생한 것이 바로 이 소설이다. 이는 소설의 형식을 띠고 있으나 이는 진리를 담기위한 그릇일뿐 그 내용은 모두 진리로 가득차 있다.

이것은 말씀이며, 생명이다. 이야기의 형식을 띠고 있지만, 그 본질은 영원한 말씀과 함께 임한 계시의 선포다.

이 글은 사람의 머리에서 시작된 구조가 아니며, 인간의 기획으로 구성된 작품이 아니다. 하나님의 영의 역사로 말미암아, 말씀으로 말미암아, 말씀을 통해 태어난 생명이다.

나는 그 말씀의 영에 이끌려 기록했고, 기쁨으로, 감격으로, 눈물로 그 흐름에 참여한 한 사람일 뿐이다.

이 책에 담긴 진리들은 시대의 흐름 속에 잊혀지지 않을 것이다. 이 책이 전하는 말씀은 성령께서 친히 증거하실 것이며, 하나님의 말씀과 함께 이 시대를 넘어 끝까지 남게 될 것이다.

그러니 이 글을 한낱 한 사람이 지어낸 이야기로 읽지 말기를 바란다. 문학으로 소비하지 말고, 꼭 진리로 읽기를 바란다. 정말 성경이 그리한가? 그 말씀을 상고하며 이 글을 읽을 때,

성령의 조명 아래, 진리로 받아들여질 것이다.

그리고 나는 간절히 바란다. 이 소설을 통해 독자들이 성경에 담긴 드넓은 진리의 세계를 경험하게 되기를, 그리고 숨겨진 보화들이 가득한 그 말씀의 세계로, 빛과 생명이 넘치는 그 깊은 계시의 바다로 들어가게 되기를.

루터가 "오직 믿음", "오직 은혜", "오직 말씀"을 외쳤다면, 나는 여기에 담대히 선포한다. 오직 말씀만이 생명이다. 믿음은 말씀 안에 있고, 은혜도 말씀 안에 있다. 살아 있는 모든 복음의 줄기는 말씀에서 나오며, 말씀이 아니면 어떤 것도 생명을 줄 수 없다.

그러므로 이 글을 읽는 당신이, 이 이야기의 형식을 통해 진리의 실체를 만나기를 바란다. 그리고 성경이라는 영원한 생명의 책 안으로, 하늘의 말씀으로 나아가기를 진심으로 바란다.

그리고 조만간, 이 소설의 원 배경이 되는 장문의 깊은 설교문들 또한 출판되어 세상 앞에 드러나게 될 것이다.

나와 리안의 여정이 이제 당신의 여정이 되기를.

2025년 7월
김인석 목사

CONTENTS

CHAPTER 1
신 없는 신의 도시 사르그   13

CHAPTER 2
꿈속에 나타난 네 사람   32

CHAPTER 3
영혼의 혼란과 갈망   57

CHAPTER 4
샤르그에 부는 바람   77

CHAPTER 5
이름이 새겨지는 사람들   100

CHAPTER 6
견고한 종교체계 위에 세워진 샤르그   134

CHAPTER 7
진리와의 입맞춤에서 오는 진리의 향기   176

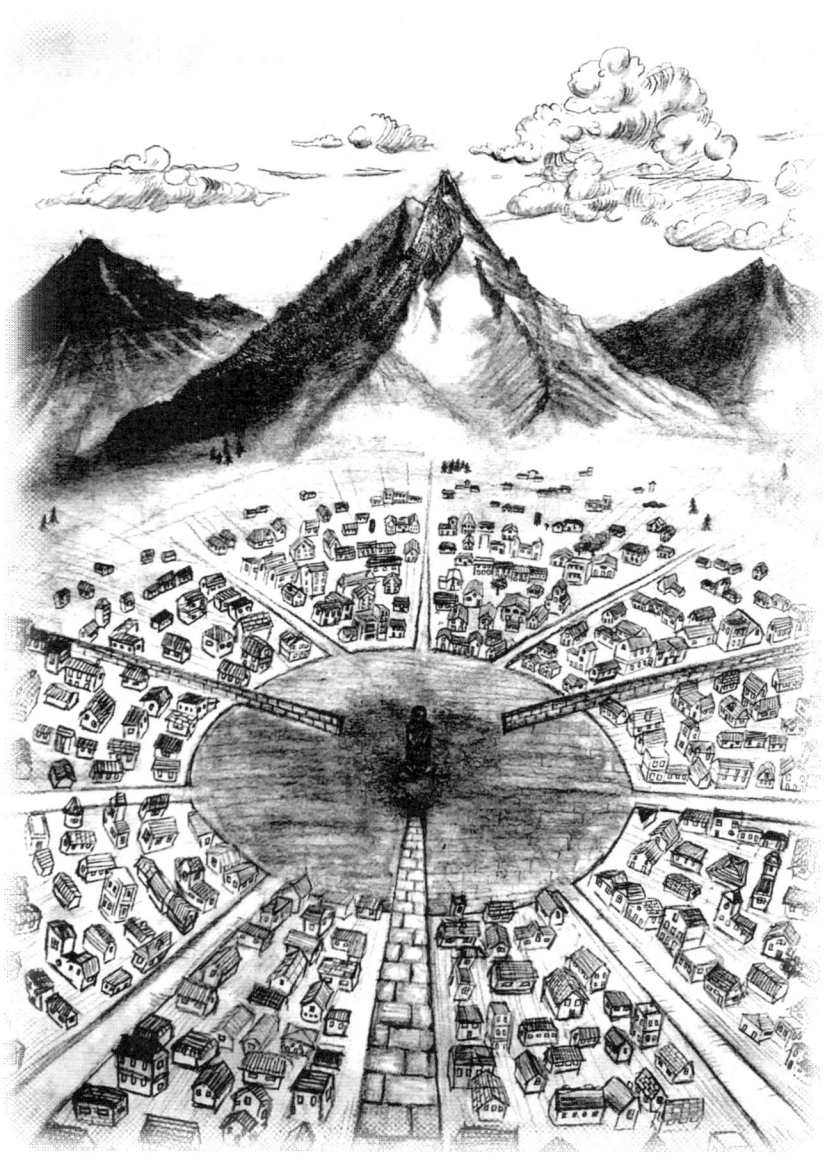

제 1 장
신 없는 신의 도시 사르그

사르그는 정교하게 설계된 신정의 도시였다. 이 도시는 종교 체제를 실현하기 위해 철저한 구조 속에 세워졌고, 그 질서 자체가 곧 신의 통치 질서로 여겨졌다.

도시는 거대한 산맥을 등지고 있었으며, 그 산을 기점으로 전체가 완전한 원형으로 펼쳐져 있었다. 산은 사르그의 경계이자 신성함의 상징으로 여겨졌고, 도시의 모든 건축은 그 신성한 산 아래에서 질서 있게 구성되었다.

도시의 중앙 광장 한가운데에는 엘루아의 석상이 세워져 있었다. 이 석상을 중심으로 세 개의 주축이 방사형으로 퍼져 나갔고, 그 축을 따라 열 개의 구역이 정밀하게 나뉘어 도시 전체를 구성했다. 각 구역은 큰 길을 통해 중앙의 석상과 곧바로 연결되었으며, 모든 구조는 완전한 원형 안에서 유기적으로 얽혀 하나의 통일된 질서를 이루고 있었다.

각 구역은 단순한 행정 단위가 아니라, 하나의 종교 체계처럼 작동했다. 구역마다 따르는 교리가 달랐고, 예배의 형식과 사용하는 용어, 상징까지도 서로 달랐다. 각 구역은 하나의 독립된 신앙적 틀을 이루고 있었으며, 사람들은 자신이 속한 구역의 교리에 따라 살아가도록 정해져 있었다. 그래서 사르그는 마치 열 개의 다른 종교체계가 하나의 도시 안에 존재하는 것처럼 보였다.

각 구역 안에는 회당, 제단, 첨탑, 제사장 주거지 등이 반복적으로 세워졌고, 이 모든 구조는 중앙의 석상과 연결된 하나의 권위 아래에서 작동되었다. 보이지 않는 통치자의 명령은 중앙 석상에서 시작되어 세 개의 주축을 따라 열 개의 구역으로 퍼져나갔고, 이 흐름은 철저히 계산된 체제 안에서 매끄럽게 유지되었다.

모든 길은 중앙을 향했고, 결국 회당 앞 엘루아의 석상 아래로 모이게 되어 있었다. 도시의 구조는 곧 예배의 구조였고, 질서는 신앙의 체계였으며, 사람들은 이 체제의 질서에 따라 걸으며, 머리를 숙이고, 섬기도록 길들여졌다.

사르그는 하나의 살아 있는 신전처럼 움직였고, 그 중심에는 경배의 대상인 석상이 자리하고 있었다. 석상은 사람의 형상을 하고 있었지만 인간은 아니었고, 고대의 형상을 본뜬 절대적 존재처럼 보였다. 돌로 깎인 눈은 살아 있는 것처럼 정면을 응시했고, 굳게 닫힌 입은 말없이 권위를 전했다. 검은빛 석재로 이루어진 몸은 세월의 흔적 하나 없이 광장의 중심에 서 있었고, 그 발 아래 낮고 넓은 받침대 중앙에는 거무스름한 돌판이 놓여 있었다. 그 위에는 이렇게 새겨져 있었다.

"너의 내면이 곧 너의 법이다."

그 문장은 석상을 향해 고개를 숙인 이들이 가장 먼저 마주하게 되는 자리에 있었다.

수많은 이들이 그 앞에 무릎을 꿇었고, 기도와 발걸음이 그 문장 위로 흘러갔다. 그러나 석상은 단 한 번도 고개를 돌리거나 눈을 감지 않았다. 도시는 침묵 속에 복종했고, 석상은 침묵 속에 명령했다.

거리는 정숙했고, 사람들은 절도 있는 걸음으로 각자의 자리로 향했다. 누구도 소란을 피우지 않았고, 필요 이상의 말을 하지 않았다. 침묵은 미덕이었고, 침묵 속의 복종이 참된 경건으로 여겨졌다.

도시 전체는 하나의 살아 있는 신전처럼 움직였고, 시민들은 그 신전의 일부로 작동했다.

사르그의 하루는 기도로 시작해 기도로 끝났다. 정해진 시간, 정해진 장소, 정해진 자세. 그 정결한 일과는 의식처럼 반복되었고, 사람들은 그것을 경건한 순례로 받아들였다. 아침에는 자비를 구했고, 정오에는 인내를 다짐했으며, 저녁이면 하루를 돌아보며 회개의 문장을 써 내려갔다. 그 문장은 개인의 일기이자 동시에 도시가 요구하는 보고서였다.

그 결과, 사르그는 겉으로는 경건해 보였지만, 내면은 혼돈과 두려움으로 가득했다. 각자의 불안과 죄책감은 겉으로 드러나지 않았지만, 도시 전체를 조용한 광기로 물들이고 있었다. 시민들은 자신을 감시했고, 서로를 감시하며 살아갔다.

점점 더 정결해지려는 삶은 끝없이 채워지지 않는 허기를 낳았고, 경건한 얼굴 아래에는 무기력과 냉소가 쌓여 갔다.

그렇게 도시는 속으로부터 무너지고 있었다. 겉으로는 아무 일도 없었고, 모든 것이 질서 안에 있었지만, 그 완벽한 질서가 오히려 가장 깊은 파열의 징후였다. 침묵은 유지되었고 의식은 반복되었지만, 그 아래에는 소리없는 균열이 자라고 있었다.

그러나 그럼에도 불구하고, 아침이면 어김없이 일상이 시작되었다. 이러한 도시 안에 아침을 여는 상인들의 외침이 그 도시를 깨웠다. 제빵소에서는 매일 아침 거룩한 밀가루로 구웠다는 빵들이 쏟아져 나왔고, 그 뜨거운 향이 도시 전체로 퍼졌다. 노동자들은 일정한 속도로 행진하듯 출근하며 서로에게 경건한 인사를 건넸다.

사르그의 거리는 아침부터 경건한 인사로 가득했다. "샬롬." "오늘도 승리하세요." "엘루아의 은혜와 위로하심이 넘치길 기도할게요." 사람들의 인사는 늘 죄로부터의 승리와 정결, 회개와 위로에 관한 말들뿐이었다. 아이들은 흰옷을 입고 뛰어다녔고, 어른들은 새벽마다 광장에서 열리는 '승리 훈련'에 참여하며 자신의 정신을 연마했다. 도시는 하나의 살아있는 종교 기계처럼 정확하게 움직였다.

사르그는 오랜 세월 엘루아라는 신을 섬기는 도시였다. 그러나 사람들은 그 빈 껍데기 같은 이름 안에 각자 자신이 원하는 신의 모습을 채워 넣었다. 누구에게는 엘루아가 엄격한 재판관이었고, 또 다른 이에게는 부드러운 위로자였으며, 어떤 이에게는 복의 근원이자 모든 필요를 채워주는 존재였다. 이름은 하나였지만, 본질은 제각각이었다. 사람들은 각자의 엘루아를 섬기고 있었다.

엘루아의 뜻과 법과 기준은 있다고 여겨졌지만, 그것은 엘루아를 전하는 사람이 누구냐에 따라 매우 달라졌다.

그 이름은 사람들의 상상 속에서만 힘을 가졌고, 실제로는 아무 말도 하지 않았다.

그러나 그 침묵 속에서 많은 말들이 쏟아져 나왔다. 누군가는 그것을 계시라 했고, 또 다른 사람은 진리라 불렀다.

그의 이름으로 만들어진 말들이 많은 사람들의 삶을 정하고, 도시의 질서를 만들고 있었다.

÷ ÷ ÷ ÷ ÷

그날도 광장 중앙에는 낮고 단단한 단상이 세워져 있었고, 그 앞에는 언제나처럼 석상이 서 있었다.

거대한 돔 위에 세워진 청동 종이 흔들리고, 종소리가 울려 퍼지자. 광장의 석상 앞으로 사람들이 몰려들었다.

몇몇 사람들은 자동으로 무릎을 꿇었고, 어떤 이들은 고개를 숙이고 눈을 감았다.

반면, 광장의 구석에서는 누군가 작은 목소리로 중얼거렸고,

여기저기서 웃음이 터졌다. 어떤 이들은 옷자락을 털거나 몰래 간식을 꺼내 먹었고, 또 어떤 이들은 기도하는 척하며 서로를 쿡쿡 찔렀다. 군데군데선 낮은 목소리로 수군거리는 무리도 있었다.

오늘 단상에는, 사르그에서 가장 영향력 있는 세 명의 설교자가 설 예정이다.

파스토,

앵젤로,

골든.

이 도시에서는 누구나 아는 이름들이었다.

설교가 시작되기도 전에 광장은 이미 열기로 가득했다. 아니, 정확히 말하면 '입'으로 가득했다. 사람들의 수다가 사방으로 퍼지고 있었다.

"아, 나는 파스토 설교는 못 듣겠어. 말은 번듯한데 왜 그렇게 졸린지 몰라."

"아이고, 말도 다. 나는 너무 졸려서 옆에 남자랑 머리 부딪혔잖아. 그 남자도 졸고 있어서 똑같이 박았어. 둘이 동시에 '아!' 했는데 진짜 설교 시간에 사람들이 쳐다보고 웃는데 얼마나 창피했었는지 몰라."

"그래도 파스토가 정통이지. 지난번 설교 들었어? 일곱 줄 요약 정리해준 거? 난 그거 듣고 울었잖아."

"하, 또 울었다. 넌 파스토 설교만 들으면 울더라. 감동 포인트가 너무 이상해."

"앵젤로? 나는 그 사람만 보면 자꾸 인권센터가 생각나. 설교인지 구호 캠페인인지 모르겠어. '사랑하라, 끌어안아라, 돌보아라' 하다가 결국 자기 감정에 취해서 혼자 울고 있더라."

"나는 전에 아내랑 같이 예배 갔다가 깜짝 놀랐잖아. 설교에서는 '아내를 내 몸같이 사랑하라' 해놓고, 어느날 보니 길 거리에서 자긴 아내한테 소리 지르고 싸우더라니까. 옆에 있던 사람들 전부 어색하게 웃고 그냥 지나갔어."

"그래도 앵젤로는 사람을 잘 울리잖아. 위로가 되긴 해. 같이 울다보면 마음에 큰 위로가 돼."

"골든은 그냥 신유 집회랑 마을 장터를 섞어 놓은 느낌이야. 방언이 구원의 증거래. 교회 다니면서 랄랄랄라 하면 구원 받은 거래. 세상에서 받는 복은 덤이고. 난 그 사람 설교 듣다가 울다가 웃다가 정신 못 차리겠더라. 완전 코미디야."

"지난주 진짜 웃겼어. 설교 내내 복 얘기만 했잖아. '황금은 씨앗입니다!' 더러더니, 믿음으로 뿌리면 30배, 60배, 100배 나온다며. 나는 그 말 듣자마자 '아, 헌금하라는 거구나' 싶었어."

"그래도 골든의 말을 들으면 용기가 생겨. 나는 그 말씀 듣고 다음 날 바로 사업 시작했잖아."

광장은 설교가 시작되기도 전에 이미 달아올랐다. 설교자의 말보다, 설교자를 들러싼 소문과 뒷말들이 먼저 사람들의 입에서 흘러나왔다.

사람들은 저마다 다른 엘루아를 마음에 두었고, 각자의 엘루아를 대신 전하는 설교자를 지지하거나 반대하며 목소리를 높였다.

그러나 사람들의 웅성거림은 오래가지 않았다. 다시 예배의 시작을 알리는 종이 울렸다. 사람들은 익숙한 움직임으로 고개를 숙였고, 수다는 서서히 멈췄다.

광장의 한쪽, 단상 아래에서 검은 옷을 입은 한 인물이 조용히 계단을 올라섰다. 사람들은 말없이 그를 올려다보았다.

그는 바로 파스토였다.

사르그에서 그를 싫어하는 사람들은 그를 '율법주의자'라 불렀다. 그는 언제나 단호했고, 말이 명확했다. 그의 설교는 늘

논쟁을 불러왔고, 동시에 광적인 추종자들도 끌어모았다.

그는 누구보다 강하게, 누구보다 확신에 차서 엘루아의 법을 선포하는 사람이었다.

단상에 오른 그는 잠시 청중을 둘러보며 침묵했다. 그리고는 마치 하늘에서 직접 계시를 받은 것처럼, 확신에 찬 목소리로 외쳤다.

"엘루아의 말씀을 지켜야 구원받을 수 있습니다. 하늘의 진리를 많이 아는 것보다, 여러분이 내면의 법을 제대로 지켜내는 것이 더 중요합니다!"

순간 광장에는 긴장감이 돌았고, 사람들의 표정이 굳어졌다.

"여러분의 삶이 깨끗하지 않으면, 결코 하늘 나라에 들어갈 수 없습니다!"

그는 손을 높이 들었다가 허공을 향해 내리쳤고, 수천 명의 고개가 동시에 움찔했다.

"엘루아만 믿는다고 되는 게 아닙니다. 잘못된 행동은 반드시 벌을 받게 됩니다. 엘루아는 거룩하신 분이시고, 죄인은 그 앞에 설 수 없습니다. 그러니 우리는 매일 회개하며 살아야 합니다. 말로만이 아니라, 행동으로 보여야 합니다!"

그는 점점 더 목소리를 높이며 말을 이어갔다.

"행동이 없으면 믿음은 아무 소용이 없습니다. 결심하고, 실천해야 합니다! 여러분, 죄와 싸우십시오! 죄를 이겨야 구원받을 수 있습니다! 엘루아의 은혜를 받으려면, 그에 맞는 삶이 따라와야 합니다!"

그의 강한 외침은 광장 전체에 울려 퍼졌고, 사람들의 마음을 강하게 흔들었다.

어떤 이들은 눈물을 흘리며 두 손을 들어 조용히 기도했고, 어떤 이들은 무릎을 꿇은 채 땅에 머리를 숙였다. 누군가는 손뼉을 치며 "아멘"을 외쳤고, 누군가는 가슴에 손을 댄 채 조용히 떨고 있었다.

파스토의 목소리는 계속 광장에 울려 퍼졌고, 그의 눈빛은 사람들의 마음을 꿰뚫는 것 같았다. 그 순간 광장은 단순한 예배 장소가 아니었다. 그곳은 마치 죄를 심판하는 법정 같았고, 사람들은 스스로 그 앞에 두려움을 느꼈다.

그의 설교에는 따뜻함이 없었다. 그가 말한 구원은 사람이 얼마나 잘해내느냐에 달려 있었고, 죄를 이긴 사람만 살아남는다는 말은 모두를 더 깊은 두려움으로 몰아넣고 있었다.

그가 전한 엘루아는 사랑이 아니라 법이었고, 은혜가 아니라 조건이었다. 그는 믿음을 말했지만, 사실은 심판과 책임을 말하고 있었다. 사람들은 울었지만, 그 울음은 위로받아서가 아니라 두려움에서 터져 나온 것이었다..

이어 두 번째로 단상에 선 이는 부드러운 말투를 가진 남자였다. 사르그에서 그를 반대하는 사람들은 그를 '인본주의자'라 불렀다. 그는 바로 앵젤로였다.

그는 흰 예복을 입고 단상에 올라서자 두 팔을 벌려 사람들을 감쌌다. 눈빛은 따뜻했고, 입가에는 잔잔한 미소가 머물렀다. 파스토의 거친 외침이 지나간 자리 위로, 앵젤로는 마치 봄 햇살처럼 조용히 말을 꺼냈다.

"사랑하는 여러분,"

그가 미소를 띠고 말했다.

"신앙에서 가장 중요한 것은 많은 지식이 아니라, 이웃을 사랑하는 마음입니다."

그의 목소리는 부드럽고 말투는 조용했지만, 그 말은 군중의 마음에 빠르게 번져나갔다.

"착하게 사는 것, 다른 사람을 위해 봉사하는 것, 그것이 진짜 믿음의 열매입니다. 교회는 사람을 정죄하는 곳이 아니라, 위로하고 치유하는 곳이어야 합니다. 세상을 아름답게 만들기 위해 우리 모두가 부름받은 것입니다. 눈물 흘리는 자를 안아주고, 고통받는 자의 손을 잡아주는 것, 그것이 엘루아께서 기뻐하시는 신앙입니다."

사람들은 고개를 끄덕였고, 어떤 이는 조용히 미소를 지었다. 감동에 겨워 눈물을 흘린 이도 있었다. 파스토의 회개 외침이 남긴 무거운 분위기 위로, 앵젤로의 말은 따뜻한 담요처럼 포근히 감쌌다.

그가 말할 때 광장은 한순간 온기를 머금었고, 사람들의 눈에는 위로의 눈물이 맺혔다.

그러나 그의 말에는 뚜렷한 기준이 없었다. 그가 전한 엘루아는 온유했고 따뜻했으며, 누구도 꾸짖지 않았다.

앵젤로가 말한 엘루아는 사람들을 따뜻하게 안아주었고, 그들에게 어떤 책임도 묻지 않았다. 잘못을 지적하거나 고치라고 말하지 않았고, 무엇을 하라고 명령하지도 않았다. 그냥 있는 그대로 받아주기만 했고, 삶의 방향이나 기준을 제시하지는 않았다.

그의 말은 감동적이었지만, 방향이 없었다. 그의 은혜는 넓었지만, 어디로 가야 하는지 알려주지 않았다.

파스토가 선을 그었다면, 앵젤로는 그 선을 지우고 있었다.

마지막으로 등장한 이는 화려한 옷을 입은 남자였다. 사르그에서 그를 반대하는 사람들은 '기복주의자'라 불렀고, 그의 이름은 골든이었다.

그는 금실로 수놓인 긴 겉옷을 휘날리며 단상에 올랐다. 반짝이는 신발과 커다란 반지, 금빛 단추가 햇빛 아래서 눈부시게 빛났다. 그가 등장하자 사람들 사이에서 웅성거림이 일었고, 일부는 기대에 찬 얼굴로 박수를 쳤다.

골든은 단상에 오르자마자 큰 목소리로 외쳤다.

"엘루아를 잘 믿으면 복을 받습니다! 믿음은 하늘의 진리보다 여러분의 긍정적인 마음 위에 세워져야 합니다. 마음에 원하는 것을 이미 이루어진 것처럼 믿으면, 그대로 이루어질 것입니다!"

그의 말이 끝나자 군중 속에서 탄성이 터졌다.

"절대 의심하지 마시고, 긍정적인 믿음으로 고백하십시오! '나는 잘 될 것이다! 나는 복을 받을 것이다!' 그렇게 믿고 말하면 반드시 그렇게 될 것입니다!"

골든의 목소리에는 점점 더 힘이 실렸고, 그의 말에 사람들은 "아멘"을 외치며 두 손을 들었다.

"헌금은 복을 심는 씨앗입니다! 봉사는 엘루아의 은혜를 불러오는 문입니다! 인생의 문제는 믿음이 약해서 생기는 것입니대! 십자가보다는 부활을 말하고, 고난보다는 승리를 선포해야 합니다!"

그가 외칠 때마다 사람들은 더 크게 반응했다. 어떤 이들은 손을 흔들며 "할렐루야, 주여!" 를 외쳤고, 어떤 이들은 자리에서 일어나 "내게도 복을 주소서!" 를 외쳤다. 누군가는 헌금 봉투를 들고 앞으로 나올 듯했고, 누군가는 주먹을 쥐고 승리를 선언했다.

광장은 축제처럼 떠들썩해졌다. 파스토의 엄격한 말도, 앵젤로의 따뜻한 위로도 모두 지나가고, 이제는 골든의 말이 사람들의 마음에 불을 붙이고 있었다. 그가 말한 믿음은 곧 성공을 뜻했고, 신앙은 자기 꿈을 이루는 방법처럼 들렸다.

하지만 그 열정의 중심에는 신이 아니라 사람이 있었다. 신은 복을 얻기 위한 도구가 되었고, 복은 삶의 목표가 되었다. 사람들은 신을 바라보는 것 같았지만, 사실은 자기 소망을 바라보고 있었다.

설교가 끝났을 때, 광장은 열기와 소리로 가득했지만, 어딘가 공허한 메아리가 울려 퍼지고 있었다.

그날, 세 설교자는 서로 다른 방식으로 엘루아를 말했다. 어떤 이는 법의 엘루아를, 어떤 이는 사랑의 엘루아를, 또 어떤 이는 복의 엘루아를 전했다. 그들이 부르는 신의 이름은 같았지만, 말하는 내용은 전혀 달랐다.

세 사람의 말은 서로 다른 방향을 가리키고 있었고, 결국 서로를 부정하고 있었다.

말은 달콤했고, 논리는 그럴듯했으며, 분위기는 뜨거웠다. 어떤 말은 날카로웠고, 어떤 말은 부드러웠으며, 또 어떤 말은 듣기 좋은 약속처럼 들렸다.

하지만 그 모든 말은 엘루아라는 이름 뒤에 있는 공허함을 가릴 뿐이었다. 누구도 엘루아에 대해 말하지 않았다. 다만, 그 이름을 빌려 자기가 보고 싶은 신의 모습을 말하고 있을 뿐이었다. 그 신은 모든 것이 될 수 있었다.

÷ ÷ ÷ ÷ ÷

그 무대 아래, 수많은 사람들 속에 리안도 있었다.

리안은 사르그의 젊은 시민이었다. 사람들 보기에 모범적인 삶을 살았고, 사람들은 그를 정결하고 경건한 사람으로 존경했다. 그는 날마다 기도했고, 규칙을 지켰으며, 엘루아의 이름 앞에서 한 치의 흔들림이라고는 찾아볼 수 없었다.

그는 단지 조용히 믿음을 지키는 사람만은 아니었다. 때때로 사람들 앞에서 설교하기도 했고, 어린아이들에게 경전을 가르치기도 했다. 사람들은 그를 신실한 교사이자 젊은 지도자로 여겼고, 리안 자신도 그렇게 살아야 한다고 믿었다.

그러나 그의 마음속에는 늘 설명할 수 없는 공허가 있었다. 말로 표현할 수 없는 갈망, 얼굴을 알 수 없는 어떤 진실을 향한 목마름이 그 안에 자리 잡고 있었다. 리안은 아직 그것이 누구인지, 무엇인지 알지 못한 채 살아가고 있었다. 그는 이름 없는 진리를 갈망하면서도, 이름만 있는 신을 섬기고 있었다.

그날 광장에서 들은 설교는 그에게도 깊은 인상을 남겼다. 아니, 남기지 않을 수 없었다. 세 사람의 말은 너무도 자신감에 차 있었고, 사람들은 눈물과 열정으로 반응하고 있었기 때문이다.

하지만 동시에 이들의 확신은, 오히려 리안의 마음에 더 깊은 의문을 남겼다. 이렇게 다른 신의 얼굴들이 어떻게 하나의 이름으로 불릴 수 있는가? 그가 평생 섬겨온 신은 이들 중 누구와 같았던가? 아니면, 애초에 그 어디에도 속하지 않았던 것은 아닐까?

리안은 사람들 사이에 서서 조용히 눈을 감고 있었다. 주변 사람들은 울었고, 손을 들었고, "아멘"을 외쳤지만, 그는 아무 말도 하지 않았다. 그 말들 중 어떤 것도 그의 마음속 갈증을 채우지 못했다.

말은 넘쳐났지만, 진실은 없었다. 거리에 설교는 많았지만, 그럴수록 오히려 마음은 더 허전해졌다.

리안은 속으로 중얼거렸다. 이렇게 말이 많은 신의 도시에서, 정작 신은 아무 말도 하지 않는다는 사실이 문득 또렷하게 떠올랐다.

"무언가 근본이 잘못된 것 같아. 말은 많은데 그 안에 변하지 않는 기준은 없어. 나는 분명 옳은 길을 걷고 있다고 믿었는데, 지금 내 안을 들여다보면 아무것도 남아 있지 않아. 비어 있어. 이대로 계속 가도 되는 걸까?"

그의 말은 한탄이 아니라, 스스로를 향한 자문이었다. 그는 마치 두꺼운 안개 속에 갇힌 것 같았다. 발 아래는 디딜 곳이 보이지 않았고, 손에 잡히는 것도 없었다. 하지만 가장 두려운 건, 그 안개에 자신이 점점 익숙해지고 있다는 사실이었다.

사르그의 사람들은 여전히 각자의 엘루아를 믿으며 열심히 살아가고 있었다. 찬송은 계속해서 도시 한가운데를 흘렀고, 사람들은 웃으며 서로 말을 나눴고, 도시의 규칙은 항상 안정적인 그대로 있었다.

하지만 지금 이 광장 한가운데서, 한 사람만이 조용히 그 이름에 대해 의문을 품고 있었다.

제 2 장

꿈속에 나타난 네 사람

리안은 도시의 깊은 뒷골목을 따라 걸었다. 벽에 반사되는 발소리가 낯설게 들렸다. 주변은 고요했지만 그의 내면은 요동쳤다.

어제 광장에서 들었던 세 설교자의 말이 머릿속에서 떠나지 않았다. 어떤 이는 율법을 지키며 순종하라고 외쳤다. 어떤 이는 사랑을 행하며 실천하라고 가르쳤다. 또 다른 이는 긍정적으로 믿고 축복을 말하라고 권했다. 그들의 말은 각각 다른 목소리로 그의 마음 안에서 충돌했다. 마치 서로가 옳다고 주장하며 그의 중심을 차지하려는 듯 다투었다.

리안은 그 소음을 멈추고 싶었다. 그러나 그 말들은 그의 안에서 더욱 깊이 파고들었다. 그는 무엇이 진리인지 구별하지 못했다. 길은 조용했지만 마음은 복잡해졌다.

그는 이마를 찌푸리며 발걸음을 멈추었다. 이유 없이 가슴이 답답해졌고, 그 답답함은 점점 목울대를 조이기 시작했다. 누구도 틀렸다고 말할 수 없었고, 누구도 옳다고 확신할 수 없었다. 모두가 자기가 진리를 말한다고 했지만, 정말 그 말이 맞다고 믿을 만한 근거는 없었다. 리안은 고개를 들었지만, 여전히 무엇이 옳은지 알 수 없었다.

그는 깊은 숨을 들이쉬었지만, 공기가 폐까지 들어오지 않는 것처럼 느껴졌다. 무엇인가 막힌 것 같았다. 설명하기 어려운 답답함이 가슴 한가운데 무겁게 걸려 있었다. 리안은 혼자 속으로 생각했다.

'신을 말했지만 신은 없었고, 결국 남은 건 사람의 말뿐이었던 건 아닐까?'

그런 의심이 잠시 스쳐갔고, 그 순간 리안은 걸음을 멈춘 채 담벼락에 손을 댔다. 벽은 차가웠고, 그 차가움이 그의 손끝을 타고 천천히 가슴 속으로 번져 들어갔다. 잠시나마 답답한 마음을 식히는 데 도움이 되었다.

한참을 그렇게 서 있다가 그는 고개를 돌렸다. 밤공기는 점점 더 차가워졌고, 도시의 불빛은 멀어지는 것처럼 느껴졌다. 그는 다시 천천히 발걸음을 옮겼고, 익숙한 골목과 낡은 간판들을 지나 집으로 향했다. 가로등 불빛이 길게 드리워졌고, 그의 그림자가 뒤따라 걸었다. 마음은 여전히 복잡했지만, 괴로운 마음에 더는 생각하고 싶지 않았다.

집 앞에 도착했을 때, 그는 조용히 문을 열고 들어섰다. 신발을 벗고 조명을 켰지만, 그 불빛조차 마음을 따뜻하게 만들지 못했다. 물 한 모금을 마시고는, 코트를 벗어 의자에 걸었다. 온몸이 무겁게 가라앉는 듯한 피로가 몰려왔고, 그는 말없이 침대에 몸을 눕혔다.

÷ ÷ ÷ ÷ ÷

그날 밤, 리안은 잠결 속에서 이상한 꿈을 꾸었다. 몸이 깊은 물속에 가라앉듯 천천히 가라앉았고, 생각도 감각도 어딘가 흐릿해졌다. 그러다 어느 순간 그는 뿌연 안개가 자욱한 들판에 홀로 서 있었다. 모든 것이 회색빛이었다. 하늘도, 산도, 땅도 색이 없었다. 바람은 불지 않았고, 소리도 없었다. 단지 그가 홀로 서 있다는 사실만이 분명했다.

그 순간 홀연히 회오리바람이 불어오더니, 땅 위의 흙먼지가 솟구쳐 올라 하늘을 향해 소용돌이쳤다. 바람에 실린 먼지들은 점차 어떤 형체를 만들어내기 시작했고, 마치 무형에서 유형이 빚어지듯, 흐릿한 윤곽이 조금씩 사람의 모습으로 굳어져갔다. 그렇게 세 사람의 형상이 흙먼지 속에서 태어나듯 드러났고, 그들은 마치 바람에 이끌리는 자들처럼 리안을 향해 조용히 걸어오기 시작했다.

리안은 그들을 바라보았다. 첫 번째 사람은 단정한 정장을 입고 등을 곧게 펴고 서 있었다. 셔츠는 목까지 한 치의 흐트러짐 없이 잠겨 있었고, 신발은 흙 한 점 없이 깨끗하게 닦여 있었다. 그의 손에는 작은 책이 들려 있었고, 그 책은 이미 수없이 펼쳐진 흔적이 남아 있었다.

그는 눈을 감고 있었지만, 마치 마음속으로 무엇인가를 조용히 외우고 있는 것처럼 보였다. 얼굴은 침착했고, 자세는 흐트러지지 않았다. 그의 모습은 철저하고 성실한 사람처럼 보였다. 한 마디 말도 없었지만, 그의 존재는 마치 '이 정도면 됐어'라고 말하고 있는 듯했다.

하지만 리안은 어딘가 모르게 그가 너무 완벽하다는 느낌을 받았다. 정해진 틀 안에서 한 치도 벗어나지 않는 듯한 태도,

늘 스스로를 다잡고 있는 듯한 긴장감이 그의 모습에서 보였다. 한 점 흐트러짐도 허락하지 않으려는 그의 태도는 완벽해 보였지만 메마르고 차가웠다.

두 번째 사람은 부드러운 눈빛과 따뜻한 미소를 지닌 채로 걸어왔다. 그의 표정에는 여유가 있었고, 다가오는 사람에게 자연스레 인사를 건넬 것 같은 편안함이 느껴졌다. 옷차림은 단정했고, 걸음은 가볍고 부드러웠다.

그는 주변을 향해 열린 사람이었고, 누가 다가와도 반갑게 맞아줄 것 같은 분위기를 풍겼다. 어딘가 정이 많아 보였고, 말하지 않아도 따뜻함이 느껴졌다. 사람들과 함께하는 것을 소중히 여기는 사람처럼 보였다.

하지만 리안은 그를 바라보며, 그가 어떤 것을 깊이 고민하거나 무엇을 진지하게 생각하는 사람 같지는 않다고 느꼈다. 대신 자기 생각을 가장 가치 있는 것으로 여기는 사람처럼 보였다.

세 번째 사람은 처음부터 리안을 똑바로 바라보았다. 그는 리안에게 다가오며 자연스러운 웃음을 지어 보였고, 얼굴에는 밝은 기색이 가득했다. 옷차림은 자유로워 보였지만 단정했고, 몸짓이 자연스럽고 부드러웠다.

말을 걸지는 않았지만, 누구에게든 먼저 다가가 인사할 것 같은 사람이었다. 표정은 활기찼고, 움직임은 가볍고 자신감 있어 보였다. 리안은 그를 바라보며, 어딘가 친근하고 에너지가 넘치는 사람이라는 인상을 받았다.

그 밝은 에너지 속에는 단순한 친절함 이상이 담겨 있는 것처럼 느껴졌다. 그는 하고 싶은 것도 많아 보였고, 되고 싶은 것도 많은 사람 같았다. 무엇을 품고 있는지는 알 수 없었지만, 마음 어딘가에는 '무언가를 반드시 이루고 싶다'는 열망이 또렷이 자리하고 있는 듯했다.

리안은 그들을 바라보며 잠시 말을 잃었다. 그들이 누구인지, 왜 이곳에 있는지 알 수 없었지만, 그들 곁에 서 있는 것만으로도 마음이 떨렸다. 그들의 존재는 단순한 꿈의 조각처럼 느껴지지 않았다.

그들은 말하지 않았지만, 리안은 그들 사이에 분명한 차이를 느꼈다. 그것은 겉모습 때문이 아니었다. 그들의 마음 안에 담긴 깊이와 태도, 무엇을 소중히 여기며 살아왔는지가 고요하게 흘러나오는 것 같았다. 리안은 꿈속에서조차 쉽게 움직일 수 없었고, 그들 앞에서 그저 바라볼 뿐이었다. 숨이 얕아졌고, 마음은 조용히 가라앉았다.

÷ ÷ ÷ ÷ ÷

가장 먼저 리안에게 다가온 이는 단단한 눈빛과 결의에 찬 얼굴을 가진 남자였다. 이름은 로딘. 처음 마주한 순간부터, 그는 마치 오랫동안 무엇인가와 맞서 싸워온 사람처럼 보였다. 어깨는 넓고 곧게 펴져 있었고, 동작 하나에도 군더더기가 없었다. 움직임은 훈련된 사람의 몸처럼 정돈되어 있었고, 걸음에는 망설임이 없었다.

그의 말투는 또렷했고, 목소리에는 질서가 배어 있었다. 표정은 흔들림 없이 단단했고, 말 한마디마다 확신이 묻어났다.

"나는 죄를 미워하고, 매일같이 그것과 싸우고 있어. 나는 경전의 내용을 많이 알고 있지. 성실히 예배에 참석했고, 선하게 살려고 애쓰고 있지. 내 삶은 절제되어 있고, 남들보다 경건해."

로딘은 자부심을 감추지 않았다. 그의 말투는 흔들림이 없었고, 그가 걷는 길에 대해 조금의 의심도 없어 보였다. 그 자신감은 마치 이미 승리를 쟁취한 자의 냉정함이었다.

리안은 조심스럽게 물었다. "당신은… 기쁨이 있습니까? 그 싸움에서 자유하신가요?"

로딘은 짧고 차갑게 웃었다.

"자유는 원래 고통스러운 거야. 죄는 매일 다가오고, 나는 그것과 싸우지. 나는 나름 철저해. 내가 이렇게 애쓰고 있는데, 신도 그걸 인정해 주시겠지."

그 말은 어디서 많이 들은 듯했다. 순간 리안의 머릿속에 광장 단상 위 파스토의 설교가 되살아났다. "죄는 너희 안에 있는 법으로 판단될 것이다. 율법을 살아내는 자만이 의롭다. 외부의 진리는 거부하고, 너희 안에 세운 법에 귀를 기울여라." 로딘은 마치 그 설교의 한 문장 속에서 걸어 나온 사람이었다. 그는 파스토의 말을 기억하는 것이 아니라, 파스토의 설교를 '살아가고 있는 자' 처럼 보였다.

리안은 다시 물었다. "회개하신 적 있나요?"

"회개? 물론이지. 하지만 나는 정직하게 살고 있고, 크게 잘못한 것도 없어. 죄를 이긴다는 건, 내가 얼마나 절제하고 노력하는지에 달려 있어. 경전은 내게 윤리의 기준이야. 난 그 경전을 따라 살고 있어."

말은 일관되었고, 논리도 정확했다. 그러나 리안은 그 말들 속에 어떤 냉기를 느꼈다. 생명이 아니라, 잘 벼려진 금속 같은 날카로움. 그것은 옳은 것 같았지만, 온전하지 않았고, 따뜻하지 않았다.

"어떤 사람들은 경전을 인격이라고 말하던데요… 당신은 그것에 대해 어떻게 생각하시나요?"

로딘의 눈빛이 날카롭게 바뀌었다. 그의 시선은 갑작스러운 경계로 가득 찼고, 목소리는 딱딱하게 내려꽂혔다.

"그런 감성적인 소리는 필요 없어. 경전은 지켜야 할 율법이지. 감상이나 기대할 대상은 아니야. 난 충분히 잘하고 있어."

그는 경전을 칼처럼 들고 있었다. 죄를 베고, 자신을 방어하며, 타인을 판단하는 도구로 사용하고 있었다. 그 철저함은 분명했지만, 그 철저함은 그의 마음을 더욱 굳게 닫아놓고 있었다.

리안은 속으로 중얼거렸다.

'그는 마치, 늘 우리 광장의 단상에 올라와 율법을 외치던 파스토의 열성 지지자처럼 보인다. 율법을 들고 있는 모습도, 말 속에 흐르는 자신감도, 회개보다 철저함을 강조하는 태도도… 파스토가 주장하는 사람과 꼭 닮아 있다.'

리안은 그렇게 생각했다. 그의 마음의 땅은 딱딱하게 굳어 있었고, 수많은 발걸음이 그 위를 지나며 눌러버렸다. 진리의 씨앗은 떨어졌지만 마음 안으로 스며들지 못했고, 말씀은 귀에 닿았으나 가슴속까지 들어오지 못했다. 씨앗은 뿌리내리지 못한 채 스쳐 지나가거나, 바람을 타고 날아가고, 새의 부리에 실려 사라져버렸다. 진리는 그의 마음에 닿기도 전에 흩어지고 말았다.

로딘은 정결해 보였고, 흠 잡을 데 없어 보였지만, 그 땅은 너무 단단했다. 회개보다는 철저함으로, 은혜보다는 자격으로 무장한 땅. 겉은 의로워 보였지만, 그 땅에는 아무것도 자라지 않았다. 모든 것을 알고 있는 듯 말하지만, 실상은 한 번도 씨앗이 심기지 않은, 그래서 아무 열매도 맺히지 못한 땅이었다.

그것이 리안의 눈에 비친 로딘의 모습, 곧 율법주의의 전형, 파스토가 만들어낸 구조 속에서 완성된 한 사람의 모습이었다.

÷ ÷ ÷ ÷ ÷

두 번째로 다가온 이는 부드러운 미소를 머금은 청년이었다. 이름은 스토니였다. 그는 한눈에 보기에도 따뜻하고 친절한 인상이었고, 말끝마다 웃음이 묻어 있었으며, 손짓은 유연했고, 태도에는 정중함과 배려가 배어 있었다.

그는 늘 사람들 사이에서 편안하게 행동했고, 누구에게든 좋은 인상을 주려고 애쓰는 듯 보였다. 옷차림은 단정했고, 말투에는 공감과 위로의 기색이 담겨 있었다. 리안은 그 모습 너머로, 사람들 속에서 '좋은 신앙인'으로 보이고자 하는 내면의 긴장을 읽었다.

"나는 신을 사랑해요. 그래서 사람들의 아픔을 알아주고 위로해 주려고 해요. 예배 때 눈물이 나고, 설교를 들을 땐 마음이 뜨거워져요. 그 순간만큼은 내가 살아 있다는 느낌이 들어요."

스토니의 말은 감정에 젖어 있었고, 말에는 위로가 담겨 있었으며, 표정은 진지했지만 고백은 깊은 곳에서 나오는 것 같지는 않았다. 리안은 그 말이 깊은 마음에서 나오는 것이라기보다, 일시적인 감정의 표현에 가깝다고 느꼈다.

그는 조심스럽게 물었다. "당신에게 경전은 어떤 의미인가요? 함께 살아가는 데 어려움은 없으신가요?"

스토니는 머쓱한 웃음을 지어 보였다. 그런데 그 웃음은 솔직한 표현이라기보다, 자신을 보호하려는 얇은 방패처럼 느껴졌다.

"경전이요? 경전은 내가 지치고 힘들 때마다 나에게 큰 위로를 줘요. 그래서 저는 그 안의 많은 문장들을 참 좋아해요. 어떤 구절들은 마치 내 마음을 꼭 안아주는 것처럼 느껴지고, 눈물이 날 만큼 따뜻하게 다가올 때도 있어요. 그런 순간에는 경전이 제게 꼭 필요한 존재라는 생각이 들어요."

스토니는 리안의 반응을 기다리지 않고 말을 이어갔다.

"하지만 가끔 경전이 내가 지향하는 삶과는 다른 방향을 말할 때가 있어요. 예를 들어, 어떤 명령들은 지금 내 상황에 너무 어렵게 느껴지거나, 내가 하고 싶은 일과 충돌할 때가 있어요. 그럴 때는 솔직히 마음이 조금 멀어지기도 해요. 그래도 나는 신을 떠난 건 아니라고 생각해요. 마음은 늘 신을 향하고 있으니까요. 나는 그런 마음이면 괜찮다고 믿고 있어요."

그의 말은 부드러웠고 모순은 없었지만, 리안은 그 속에서 알 수 없는 공허함을 느꼈다. 위로는 있었지만 깊은 뿌리 같은 것이 없었고, 열정은 있었지만 방향은 희미했다. 그는 감동을 따랐지만, 자신이 견고하게 세운 내면의 법에 부딪히는 것에서는 멈추었다.

리안은 본질을 피하지 않고 조용히 물었다.

"경전이 당신의 주인인가요, 아니면 당신이 경전의 주인인가요?"

스토니는 잠시 웃었고, 눈을 내리깔며 말을 아꼈다. 그 침묵은 대답을 피하려는 것처럼 보였지만, 동시에 그의 마음을 보여주는 진심의 틈처럼 느껴졌다.

"나는 경전을 사랑해요. 경전은 내게 이상적인 기준이에요. 나를 더 나은 사람으로 이끌어주는 아주 중요한 도구가 돼요. 하지만 전부를 받아들이는 건 아직 어려워요. 그런 면에서는 내가 경전의 주인인 것 같네요."

그 말을 들은 리안은 조용히 그의 내면을 바라보았다. 스토니의 중심에는 진리가 아니라, 그가 스스로 세워놓은 내면의 법이 자리잡고 있었다. 경전은 그의 삶을 다스리는 왕이 아니라, 그의 주변을 맴도는 조언자처럼 존재하고 있었다.

그는 진리를 통해 자신이 무너지는 것을 원하지 않았다. 오히려 진리로 인해 변화되기보다, 그 진리 안에서 위로받고 안정을 느끼기를 원하고 있었다. 그렇게 경전은 그에게 절대적인 기준이 아닌, 자신의 신앙 감정을 도와주는 도구가 되어 있었다. 그리고 스토니는 어깨를 으쓱하고 다음과 같은 말을 덧붙였다.

"사람들에게 사랑 많고 온유하고 단정하게 보이고 싶은 건 나쁜 게 아니잖아요. 난 그냥 좋은 신앙인이 되고 싶은 거예요."

그의 말은 다정했지만, 리안의 마음속엔 질문이 남았다.

'좋은 신앙인이 되고 싶다는 말은 결국 누가 그 기준을 정하느냐의 문제다. 그 말 속에는 진리가 기준이 아니라, 자기 스스로가 판단자가 되어 있다는 뜻이 숨어 있다. 결국 그 중심에는 신도, 말씀도 아닌, 자기 자신이 앉아 있는 셈이다.'

리안은 그 사실을 조용히 깨달았다. 스토니는 분명 따뜻했고 정중했지만, 그의 신앙은 진리를 따르기 위한 것이 아니라, 자기 자신을 위한 것이었다. 말씀은 그의 삶을 바꾸는 기준이 되기보다는, 지친 마음을 위로하고 감정을 채워주는 수단이 되고 있었다.

겉으로 보기엔 그의 마음은 부드러워 보였지만, 그 흙은 깊지 않았다. 마음속 깊은 곳엔 단단한 돌이 자리 잡고 있었고, 말씀은 잠시 마음을 적셨지만 뿌리를 내릴 자리를 찾지 못했다. 감동은 있었지만, 그 감동은 진리에 대한 사랑으로 이어지지 않았다.

리안은 그 모습을 조용히 바라보았다.

자신의 마음을 중심에 두고, 감정을 따라 움직이며, 말씀을 선택적으로 받아들이는 모습. 그것은 리안이 사르그의 도시에서 앵젤로의 설교에서 들었던 인본주의의 구조와 정확히 일치하고 있었다.

÷ ÷ ÷ ÷ ÷

세 번째로 다가온 이는 세련된 옷과 장신구로 치장한 여인이었고, 이름은 스팅스라 불렸다.

처음부터 그녀는 잠깐 손거울로 자신의 모습이 흐트러지지 않았는지 확인 후, 리안을 똑바로 바라보며 미소지었다. 표정에는 자신감과 여유가 함께 묻어났다.

그녀는 부드럽고 세련된 말투로 말을 이었고, 그 말에는 단정한 언어와 함께 정교한 논리가 함께 묻어 나왔으며, 말의 온도는 계산된 듯 차분했고, 목소리는 스스로에 대한 확신을 담고 있었다.

리안은 그녀를 바라보며, 단순히 활기찬 인상을 넘어서 그녀의 마음 속에 어떤 열망이 일고 있다는 사실을 직감했다. 그녀는 이루고 싶은 것이 많았고, 되고 싶은 것도 분명히 있었으며, 신앙조차 그 열망의 길 위에 놓여 있다는 느낌을 받았다.

"나는 신을 사랑해요. 예배도 드리고 기도도 빠지지 않아요. 모임에서도 늘 봉사하고 있죠. 하지만 현실도 살아야 하잖아요."

그녀는 이렇게 말하며 자신의 신앙을 스스로 합리화했고, 그런 그녀에게 리안은 조심스럽게 물었다.

"현실이라는 말씀이 조금 추상적으로 느껴졌어요. 구체적으로 어떤 것을 말씀하시는 건가요?"

그녀는 주저 없이 대답했다.

"자녀의 미래와 가정의 안정, 사업의 성장과 건강 같은 것들이에요. 저는 신앙이 그런 걸 지켜주는 거라고 믿어요. 결국 신을 믿는 게 내 삶에 유익해야 의미가 있잖아요."

그녀는 자연스럽게 자신의 기준을 드러냈고, 그것이 오래 다져진 신념처럼 들렸다.

그 말에서 리안은 진리가 그녀의 중심에 놓인 것이 아니라, 진리를 통해 삶의 유익을 얻고자 하는 구조가 형성돼 있다는 사실을 느꼈고, 그녀는 진리를 따르기보다 진리를 사용하려 했으며, 그것은 믿음이 아니라 거래에 가까운 태도로 다가왔다.

그때 리안의 마음속에는 골던의 설교가 떠올랐다.

"진리가 중요한 것이 아니라 의심하지 않고 믿는 것이 중요합니다. 그러면 땅의 기름진 복과 하늘의 풍성한 복을 받을 것입니다."

그 광장에서 들렸던 그 외침과 지금 스팅스의 말이 겹쳐졌고, 리안은 그 구조가 그녀와 동일함을 깨달았다.

그녀는 믿음을 말했지만, 그 믿음은 복을 얻기 위한 열쇠였고, 진리는 영원한 생명에 있는 것이 아니라 삶의 평안을 위한 수단으로 기능했으며, 신앙은 신을 향한 사랑이 아니라 자기 삶의 안정을 위한 전략처럼 보였다.

리안은 조심스럽고도 분명하게 물었다.

"혹시 신이 당신에게 아무것도 주지 않으셔도, 여전히 그분을 따르실 수 있나요?"

그녀는 잠시 멈칫했지만, 곧 미소를 걷고 단단한 표정을 지었다.

"그건 말이 안 돼요. 우리가 그분을 믿는데 아무 유익도 없다면, 그게 무슨 신앙이에요? 저는 헌신도 하고 회개도 해요. 그런데 복도 받아야죠. 그게 공평한 거잖아요."

그녀는 스스로를 헌신하는 사람이라 여겼지만, 그 헌신은 대가 없는 순종이 아니었고, 오히려 복을 얻기 위한 조건처럼 사용되고 있었으며, 회개의 언어조차 정결한 고백이라기보다는 자기의 진정성을 증명하기 위한 표현처럼 느껴졌다.

겉으로는 꽃이 핀 듯한 신앙처럼 보였지만, 마음 밭에는 이미 수많은 염려와 욕망이 자라고 있었고, 진리의 씨앗이 들어설 틈은 남아 있지 않았으며, 말씀은 들어와도 숨 쉴 수 없었고 자라지도 못했으며, 결국은 질식하고 말았다.

리안은 속으로 중얼거렸다.

'그녀는 진리를 사랑하는 것처럼 보이지만 실제로는 진리를 통해 얻고자 하는 것이 너무 많아 결국 말씀을 눌러버리는 마음이구나.'

스팅스는 진리를 붙들었다기보다 그 진리를 도구처럼 사용했고, 결국 말씀조차도 복을 위한 설명서로 전락시켰으며, 그것이 바로 리안의 눈앞에 서 있는 기복주의의 전형이었다.

스팅스는 열정적이었고, 균형 잡힌 삶과 지혜를 말했고, 지혜롭게 보이려 했지만, 그 중심에는 여전히 자기 자신이 있었다. 그녀는 신이 아니라 자신의 내면의 법을 견고히 하기 위해 말씀을 끌어다 쓰고 있었으며, 진리가 마음의 중심에 있는 것이 아니라 복이 다스리는 구조하에서 살아가고 있었다.

그 구조를 만든 이는 골딘이었고, 그 구조 안에서 자라난 한 사람이 바로 스팅스였다.

리안은 마음 깊은 곳에서 설명할 수 없는 우울함에 잠겼다. 방금 전 모습을 드러냈던 세 존재가 풍기는 기운은 강했지만 불편했고, 확신에 차 있었지만 답답하게 느껴졌다.

÷ ÷ ÷ ÷ ÷

그러던 그때였다. 어디선가 거센 회오리바람이 일더니, 그들을 향해 돌진해 왔다. 바람은 마치 분노에 찬 듯 일격에 그 형상들을 휘감았고, 땅의 먼지를 한꺼번에 일으켜 세 사람을 덮어버렸다. 한순간이었다. 강렬한 돌풍과 함께 세 존재는 먼지 속에 휩싸이더니 형체를 잃고 사라졌다. 남은 것은 텅 빈 흙먼지뿐이었다.

그렇게 모든 것이 휩쓸린 뒤, 다시금 바람이 일기 시작했다. 이번에는 이전과는 다른 결이었다. 분노의 회오리가 아니라, 조용하고 깊은 숨결처럼 대지를 쓰다듬는 바람이었다. 그 바람이 지나간 자리에서 흙먼지가 천천히 일어나더니, 그 안에서 무언가가 천천히 일어났다. 먼지가 걷히고, 빛이 스며들며, 마치 대지의 가장 깊은 곳에서 하나의 존재가 밀려오듯 서서히 한 사람의 형상이 떠올랐다.

그는 오랜 경작 끝에 비로소 드러난 부드러운 밭 같았다.

네 번째로 다가온 이는 천천히 걸어 리안 가까이에 섰다. 그의 이름은 구디였다. 그의 옷차림은 눈에 띄지 않았고, 얼굴에는 조용한 미소가 머물렀다. 말은 없었지만, 함께 있어도 전혀 부담이 느껴지지 않았다. 그는 세상 사람들과 쉽게 어울릴 것 같지 않았지만, 그 나름의 단단함과 평온함을 지녔다. 그는 스스로 자신하지도 않았고, 그렇다고 움츠러들지도 않았으며, 그저 자신의 자리를 알고 그 자리에 섰다.

그의 눈빛은 조용했지만 깊었다. 그 안에는 경직된 시간과 깨어진 내면이 담겨 있었다. 리안은 본능적으로 지금까지 만났던 이들과는 근본부터 다른 존재가 앞에 섰다는 사실을 느꼈다.

구디는 입을 열었다. 목소리는 낮았지만, 마치 무너진 터에서 새로 세워진 돌기둥처럼 단단했다.

"나는 회개의 깊은 자리로 내려간 적이 있었어. 내 안의 죄를 자책하는 데 그치지 않고, 죄가 나를 지배하는 구조와 중심까지 직면했지. 나는 그 죄의 중심에 내가 있다는 걸 깨달았고, 나는 나를 창조한 신 대신 내 삶의 왕좌에 앉아 있었다는 걸 알았지."

그 말은 단순한 고백이 아니었다. 그것은 살아 있는 경험이었고, 리안은 자신도 모르게 숨을 죽이고 물었다.

"그리고 당신은 그 왕좌를 어떻게 했나요?"

구디는 고개를 숙이며 조용히 말했다. 그 말에는 과거의 부끄러움과 동시에 지금의 자유가 함께 묻어 있었다.

"내려놓았지. 항복했어. 존재 전체가 무너졌고, 나는 그분 앞에서 아무것도 아닌 자로 엎드렸어. 그때 비로소 진리가 내 안에 임하셨어. 감정의 위로가 아니라, 삶을 다스리는 통치자로."

그의 말은 그 어떤 열정적 설교보다도 조용했고, 그러나 그 조용함 속에는 깨어진 돌과 뒤엉킨 뿌리, 흙이 다시 갈아엎어진 진짜 회개의 흔적이 담겨 있었다. 리안은 말할 수 없는 전율을 느꼈다. 그의 말은 머리가 아니라 가슴 한가운데, 마음의 가장 깊은 자리로 파고들었다.

"지금도 진리는 내 삶을 다스리고 있어. 나는 이제야 비로소 산 거야. 진정한 회개는 감정이 아니라 주권의 교체야. 진리가 왕으로 임하실 때, 열매는 반드시 맺히게 돼."

리안의 눈에는 눈물이 맺혔다. 설명할 수 없었지만, 그의 말이 진짜라는 사실을 알 수 있었다. 그것은 이론이 아니라 체험이었고, 교리가 아니라 실제였다.

구디의 밭은 부드럽고 깊었다. 땅은 원래 경작 되어져야만 씨앗이 심겨질 수 있다. 그 밭은 깨어졌고, 진리는 그 속에 뿌리를 내렸다. 흙은 경작되었고, 진리의 뿌리는 억지로 들어간 것이 아니라 환영을 받으며 내려갔다. 말씀은 줄기를 뻗었고, 그 땅에서는 보이지 않는 생명이 자랐다.

리안은 구디 앞에서 고개를 숙였다. 그리고 그의 안에서는 무언가가 금이 가기 시작했다. 자신을 지탱하던 무엇인가가 조용히 흔들리기 시작했다. 그는 평생 그 자리를 지키며 살아왔다. 경건한 외형과 질서 있는 신앙, 사람들의 인정을 붙들고 자신을 세워왔다고 믿었다.

그러나 지금, 정확히는 알지 못하지만 그 모든 것을 떠받치던 가장 깊은 중심에 실금이 가기 시작했다. 리안은 그 균열이 앞으로 어떤 변화를 불러올지 예감했다. 단번에 무너지는 것이 아니라, 천천히 그러나 피할 수 없이 무너져 내릴 것이라는 사실을 느꼈다. 자신도 모르게 기대고 있던 것이 있다는 사실, 그 자체가 이미 충격으로 다가왔다.

그는 그 자리를 아직 내려놓을 준비가 되지 않았다. 그러나 지금 이 순간만큼은, 그 자리에 계속 머무를 수 없다는 것도 분명히 인식했다.

리안은 단지 구디의 말을 들은 것이 아니었다. 그는 자신의 내면 깊은 곳에서 울리는 소리를 들었다. 그것은 회개의 외침이었고, 항복의 예고편으로 다가왔다. 더 이상 지식이나 감정의 차원이 아니었다. 그는 그 자리에서 멈춰 서서, 처음으로 자신을 꿰뚫어보는 진리의 눈과 마주했다. 그것은 피할 수 없는 시선이었고, 그 시선 앞에서 자신이 어떤 존재인지를 부정할 수 없었다.

÷ ÷ ÷ ÷ ÷

꿈에서 깨어났을 때, 리안은 침대 위에 땀에 흠뻑 젖어 누워 있었다. 숨은 가쁘게 몰아쉬어졌고, 심장은 어딘가를 향해 도망치듯 빠르게 뛰고 있었다. 방 안은 어두웠지만, 창틈 사이로 스며든 새벽빛이 그의 젖은 이마를 희미하게 비추고 있었다.

그의 안에서는 설명할 수 없는 어떤 감정이 흔들리고 있었다. 이름도 정체도 알 수 없었지만, 분명히 존재하는 갈망이었다.

리안은 조용히 속삭였다.

"내가 보고 들은 건 단순한 꿈이 아니라, 내 영혼 깊은 곳에 새겨진 계시였어. 그런데 이 계시는 단지 무언가를 느끼게 한 게 아니라, 내 안의 중심을 비추는 것 같았어. 이 꿈은 대체 무얼 의미하는 거지?"

이마를 감싼 손 아래로, 흐릿한 생각들과 복잡한 마음이 뒤엉켜 흘러갔다. 하지만 그는 알 수 있었다. 자신이 이전과는 다르다는 것을. 무엇이 달라졌는지는 설명할 수 없었지만, 이전처럼 살 수 없다는 것만은 분명했다.

모범적인 경건, 사람들의 인정, 침묵 속의 순종. 그 모든 것이 갑자기 얇은 유리처럼 느껴졌고, 그 아래서 거칠게 꿈틀대는 무언가가 그를 깨우고 있었다.

리안은 조심스럽게 속삭였다.

"신이시여… 내가 당신을 믿는다고 말했지만, 그 자리에는 늘 내가 있는 것은 아닐까요? 나는 지금까지 정말 당신을 위해 산다고 믿었어요. 당신의 뜻을 따르려 했고, 말씀을 지키려 애썼어요. 그런데 왜 이런 꿈을 꾸게 된 걸까요? 그리고 왜 이 꿈은 이렇게 공허하고 두려움을 주는 걸까요?"

그 말 끝에서, 울컥 솟구치는 감정이 그의 목을 메이게 했다. 그는 처음으로 '신의 이름'이 아니라, 이름 너머에 있는 '진리 자체'를 갈망하고 있다는 것을 느꼈다.

그 순간, 그는 어렴풋이 깨달았다. 이제 어떤 것도 이전과 같을 수 없었다. 어떤 것도 그대로 남아 있지 않을 것이다.

그는 입술을 열지 못한 채 속으로 중얼거렸다.

"이건 아닌 것 같은데… 아닌 게 뭔지를 모르겠어. 뭘 놓쳤는지도 모르겠고… 뭘 더 해야 하는 걸까… 아니면… 뭘 멈춰야 하는 걸까…"

그의 내면은 지금, 깊은 어둠 속에서 방향을 잃고 있었다. 그 안에는 빛이 없었고, 길도 없었고, 아무도 없었다. 아직 씨앗 하나도 제대로 심기지 않았고, 그 자신조차 자신이 어떤 땅인지 알지 못했다.

하지만 분명한 것은, 그가 무언가를 갈구하고 있다는 것이었다.

그의 영혼은 깨어나고 있었지만, 어디에서 어떻게 언제 깨어나야 할지 알 수 없었다. 모든 것은 무너지고 다시 세워지기 직전의 혼란으로 남아 있었고, 무엇인가가 오기 직전의 침묵 속에서 고요하게 머물렀다. 그 순간은 가장 조용하면서도, 가장 깊은 불안으로 그의 내면을 흔들었다.

그의 땅은 여전히 어두운 가운데 놓여 있었다. 그 땅은 혼란의 땅이었고, 침묵의 땅이었다. 그러나 리안은 그 갈망이 막연한 감정이 아니라, 어떤 분명한 '누군가'를 향하고 있다는 것을 가슴 깊은 곳에서 느꼈다.

마치 형태도 없고 공허하며 깊음 위에 어둠이 있는 태초의 땅처럼, 그 위에 진리의 영이 움직이시기를 기다렸다.

그는 아직 그 빛이 임하지 않았다는 사실을 알았다. 그러나 자신이 그 빛을 갈망하는 땅이 되어가고 있다는 것을 깨달았다.

제 3 장

영혼의 혼란과 갈망

새벽이 막 깨어나고 있었다. 하늘은 희끄무레한 안개빛으로 물들어 있었고, 도시의 높은 첨탑들과 돔 지붕은 아직 햇살을 받지 못한 채 긴 어둠의 그림자 아래 머물러 있었다. 리안은 깊은 잠에서 깨어난 후, 제대로 씻지도 않은 채 문을 나섰다. 가슴 깊은 곳이 뒤틀리는 듯한 그 꿈의 잔상이 여전히 그의 의식을 감싸고 있었고, 마음은 묵직한 무엇에 눌려 있었다.

그는 천천히 거리로 나섰다. 아직 태양은 산등성이 너머에서 머뭇거리고 있었고, 도시의 골목들은 푸르스름한 새벽빛 아래 조용히 눌려 있었다. 사르그의 돌바닥은 밤새 내려앉은 습기를 머금은 채, 말없이 사람들의 발걸음을 기다리는 듯 보였다.

거리에는 이른 출근자들이 간간이 보였지만, 누구도 말을 주고받지 않았고, 그저 무표정한 얼굴로 걸음을 재촉했다. 사람들은 각자의 복장을 갖추고 있었고, 같은 시간에 같은 길로 향하는 몸짓은 마치 반복된 의식처럼 느껴졌다. 리안은 그들 사이를 지나치며, 그 어떤 말도 들리지 않는 적막을 느꼈다. 말없이 움직이는 도시. 말없이 존재하는 사람들. 그 고요함은 잠잠한 평화라기보다, 억제된 의무와 통제 속에서 유지되는 정적에 가까웠다.

건물들은 일정한 간격을 유지하며 줄지어 있었고, 창문마다 드리워진 커튼은 바람 한 점 없는 유리창을 가리고 있었다. 도로 양옆으로는 동일한 모양의 가로수들이 늘어서 있었고, 쓰레기통마다 정해진 라벨이 부착되어 있었다. 도시의 외형은 틀림없이 정돈되어 있었지만, 그 안에 흐르는 공기는 이상하리만큼 숨죽여 있었다.

리안의 발걸음은 점점 더 느려졌다. 그는 눈으로 앞을 보고 있었지만, 마음은 여전히 깨어나지 않은 채 꿈의 한 장면을 붙잡고 있었다. 꿈속에서 느꼈던 강한 감정, 설명할 수 없는 무게, 그리고 그 감정이 자신 안의 오래된 무언가를 건드리고 있었다는 느낌은 사라지지 않았다.

그는 어느덧 작은 회당 앞에 이르렀다. 그곳에서도 마찬가지로 누군가 문을 열고 나오는 모습은 보이지 않았고, 간간히 울리는 종소리만이 먼 데서 들려왔다. 사르그의 회당들은 도시 곳곳에 반복적으로 세워져 있었고, 그 구조와 색, 장식까지 모두 동일했다. 깃발은 바람에 살짝 흔들리고 있었고, 그 위에 새겨진 이름은 '엘루아'였다. 그 이름은 거리의 벽, 현판, 상징물마다 반복되어 있었다. 어디를 가든, 무엇을 보든, 결국 사람들의 시선은 그 이름을 향하게끔 배치되어 있었다.

리안은 그 모든 익숙한 장면들 속에서 이상한 이질감을 느꼈다. 자신이 늘 보던 도시였지만, 오늘 따라 처음 보는 장소처럼 낯설게 다가왔다. 어쩌면, 도시는 변한 게 없고, 자신이 달라진 것일지도 몰랐다. 그는 꿈에서 뭔가를 보고, 들었고, 그것이 자신을 이전과는 다른 시선으로 이 세계를 보게 만들었다는 걸 어렴풋이 느꼈다.

그는 길 한복판에 멈춰 섰다. 바람이 없었고, 공기는 무겁게 가라앉아 있었다. 가슴 안쪽에서 아직 꺼지지 않은 불씨가 천천히 숨을 쉬고 있었고, 그 불씨는 지금 이 거리의 침묵과 부

조화를 이루고 있었다. 차가운 외형과는 달리, 리안의 안에서는 무언가가 깨어나고 있었고, 그 깨어남은 방향도, 이름도 없었지만 분명한 갈망이었다.

그는 깊이 들이쉰 숨을 천천히 내쉬며, 앞을 향해 다시 발을 내디뎠다. 어디로 가야 할지 모르겠지만, 더 이상 가만히 머무를 수는 없었다. 그 꿈의 잔상은 단순한 감정이 아니라, 그의 마음을 흔드는 진동이었고, 그것은 지금도 멈추지 않고 그의 마음속을 울리고 있었다.

꿈속에서 만났던 네 밭의 사람들이 계속 그의 머릿속을 맴돌고 있었다. 그들의 말투, 눈빛, 몸짓 하나하나가 이 도시의 사람들과 어딘지 모르게 겹쳐 보였다. 리안은 도로 옆 벤치에 앉아 신문을 접는 노인을 지나치다가 문득 걸음을 멈췄다. 그 노인의 손짓이, 꿈속에서 가시덤불을 움켜쥐고 있던 그 사람의 손과 정확히 같아 보였기 때문이었다.

조금 더 걸어가자 식당 앞 테라스가 보였다. 커피를 마시며 조용히 대화를 나누던 두 사람의 웃음소리가 들려왔다. 그 소리는 리안의 귓가에서 이상하게 울려 퍼졌다. 꿈속에서 돌밭에 떨어졌던 씨앗 위로 쏟아졌던 비웃음과 너무도 비슷했다. 말은 없었지만, 분위기와 음색, 가벼운 어조가 그 기억과 겹쳤다.

그들이 꿈속에서 했던 말들은 이제 단순한 상징이나 허상이 아니었다. 리안은 점점 더 확신하게 되었다. 그것은 단순한 환상이 아니라, 자신이 살아가는 현실의 축소판이자 해석이었다. 꿈속의 네 밭은 사르그라는 이 도시를, 그리고 이 도시의 사람들을 비추는 거울처럼 느껴졌다.

"그건 나랑 상관없어", "지금이 중요한 거지", "다 잘 될 거야." 꿈에서 들었던 그 말들이 다시 귓가에서 들려왔다. 그런데 그것은 더 이상 과거의 메아리가 아니었다. 거리에서 스쳐 지나가는 사람들의 대화 속에서, 가게 안에서 속삭이는 말들 속에서도, 그 말들이 반복되고 있었다."

그 말들은 그의 귀에 박혀 있었고, 사람들의 표정은 마치 꿈속의 그들처럼 의미심장했다. 한 사람은 정갈하게 다려진 옷을 입고 서 있었지만, 그의 눈동자 속엔 끝없는 두려움이 떠다녔고, 또 다른 이는 소리 없이 웃고 있었지만, 그 미소 속엔 자조적인 냉소가 담겨 있었다. 리안은 걷고 있었지만, 점점 걷는 것이 아니라 '깨달아가는' 중이라는 생각이 들었다.

리안은 그제야 알았다. 자신이 지금, 어떤 진실을 향해 멈추지 않고 나아가고 있음을 부인할 수 없었다.

리안은 어느 순간 자신이 꿈에서 완전히 깨어난 것이 맞는

지조차 확신할 수 없었다. 이 도시의 모습이 현실인지, 아니면 꿈의 연장선인지. 그는 어딘가 흐릿한 경계 위를 걷고 있는 듯한 기분에 사로잡혔다.

거리는 조용했고, 도시의 질서는 흠잡을 데 없었지만, 그 표면 아래엔 무언가 무겁고 단단한 것이 감춰져 있었다. 마치 모든 사람들이 각자의 마음 안에 가시덤불을 품고 있는 듯했다. 말은 있었지만 의미는 없었고, 표정은 있었지만 진심은 없었다. 꿈속의 네 밤은 결코 꿈이 아니었다. 그것은 이 도시의 정체를 비추는 거울이었고, 리안 자신이 외면해오던 진실이었다.

오히려 현실 속 사람들은, 꿈속의 그들보다 덜 진실되어 보였다. 겉으로는 정결했고, 말은 단정했고, 눈빛은 공손했지만… 리안의 눈엔 그들이 두껍게 자신을 감추고 있는 듯했다. 말은 정확했고, 표정들은 흐트러짐이 없었지만, 그 안쪽엔 꺼지지 않는 불안과 결핍이 비쳐 보였다. 눈을 마주치면 느껴지는 그 미세한 떨림. 리안은 그 떨림을 알아챘다.

그는 문득 생각했다.

'혹시… 그 꿈이 현실이고, 지금 이 현실이 오히려 꿈이라면?'

이런 생각이 허무맹랑하게 느껴지지 않았다. 아니, 어쩌면 반대였다. 지금 이 도시, 사르그는 너무 정확했고, 너무 통제되어 있었다. 거리에는 균열 하나 없었고, 사람들의 걸음에는 흐트러짐이 없었다. 인사하는 말투, 웃는 얼굴, 심지어 기도하는 손의 각도마저도 어디선가 배운 것처럼 완벽하게 재현되고 있었다.

그것은 연극 같았다. 누군가의 시선 아래서 끝없이 반복되는 무대. 도시 전체가 잘 짜인 장면 속에 갇혀 있는 것처럼 느껴졌다. 리안은 멍하니 거리를 걸었다. 모든 것은 여전히 그 자리에 있었고, 너무나 '제자리에 있는 것들'이 오히려 이질적으로 다가왔다.

그리고 그 순간, 그의 머릿속에 꿈속에서 만났던 네 사람의 얼굴이 스쳐 지나갔다.

로딘, 스토니, 스팅스 그리고 구디.

그들은 어딘가 모르게 너무나도 '살아있는' 존재들이었다. 그들의 말은 날것으로, 거칠고 불편했지만, 그것이 오히려 진실처럼 느껴졌다. 꾸미지 않았고, 감추지 않았고, 조심하지도 않았다. 그들의 말투와 눈빛, 불안과 분노는 날것이었다. 차라리 그들이 현실 같았다. 지금 눈앞에 있는, 너무 말끔한 사람들보다 훨씬 더 진짜처럼 느껴졌다.

리안은 조용히 중얼거렸다.

'그들은 나였다… 아니, 지금 이 거리의 사람들이었다.'

사르그의 아침은 여느 때처럼 정확하게, 어김없이 시작되었다. 해가 떠오르기도 전, 어디선가 울려 퍼진 종교적인 종소리들이 안개 낀 골목 사이사이로 번져갔고, 그 소리는 도시 전체가 하나의 분위기로 잠기게 하였다. 하늘은 서서히 회색빛으로 밝아졌고, 사람들의 발걸음도 그에 맞춰 움직이기 시작했다.

노점상들은 마치 정해진 각본을 따라 움직이듯, 하나둘 천을 걷고 나무 덮개를 열었다. 손놀림은 익숙하고 부드러웠으며, 마치 오래된 습관처럼 어김없었다. 불이 붙고, 까페마다 커피를 볶는 냄새를 풍기고, 막 구운 빵의 고소한 향이 그 위를 감싸고 있었다.

여기 저기에서 상인들의 외치는 소리가 들렸다.

목소리는 분명했고, 제스처는 익숙했고, 웃음은 정확한 각도로 계산된 것 같았다.

하지만 리안의 눈에는 그 모든 움직임이 마치 대본이 있는 연극처럼 보였다.

말은 외워진 대사처럼 흘러나왔고, 웃음은 반응 없는 청중을 향한 습관처럼 보였다.

그리고 그 틈, 그 짧은 침묵의 간격에서 리안은 그들의 내면을 어렴풋이 본 것 같았다.

그는 어딘가 발이 땅에 닿지 않는 듯한 기분에 사로잡혔다. 몸은 여전히 이 도시에 속해 있었지만, 마음은 그 틈 너머에 숨겨진 진실을 향해 가 있었다. 처음엔 자신이 그저 떠 있는 구경꾼이라 생각했다. 하지만 곧 깨달았다. 그 틈을 바라보는 것만으로는 충분하지 않았다. 그는 이제 그 틈 안으로, 이 도시의 균열 속으로 천천히 빨려들고 있었던 것이다.

"은혜의 소금빵! 오늘도 엘루아의 축복을 담았습니다!"

"믿음으로 빚고, 기도로 포장했습니다. 오늘도 엘루아의 평안이 함께하시길!"

어느새 거리에는 하루를 살아가는 사람들의 목소리로 가득 찼다. 누군가는 흥정 중이고, 누군가는 누군가에게 화를 내고 있었다. 말다툼이 있었고, 그 말다툼 뒤에는 어색한 화해의 웃음도 이어졌다.

시장 가장자리에선 한 여인이 어린 아들의 손목을 붙잡고 꾸짖고 있었다.

"경건한 자는 소리치지 않는다 했지? 엘루아 앞에서 그렇게 짜증내면 안 돼!"

아이의 눈에 눈물이 맺혔지만, 그는 억지로 고개를 끄덕였다.

그 옆 골목, 벽에 기대어 눈을 감은 채 조용히 기도문을 암송하는 중년 남성도 있었다. 입술만 움직이는 그의 입에서는 익숙한 문구가 반복되고 있었다.

"오늘도 죄를 이기게 하소서. 정결케 하소서. 나의 입술과 마음을 새롭게 하소서…"

÷ ÷ ÷ ÷ ÷

시장 한 모퉁이, 돌계단에 앉은 세 여인이 뜨거운 허브 차를 나눠 마시며 이야기를 이어갔다. 그들 손엔 장바구니가 들려 있었고, 앞치마에는 아직 장 본 냄새가 묻어 있었다.

"나는 골든의 설교가 아직도 귀에서 맴돌아. '긍정적으로 고백하라!'는 그 말 있잖아. 요즘 진짜 힘들었는데, 말씀 듣고 나서부터는 아침마다 '나는 복을 받을 것이다' 하고 외쳐. 그랬더니 조금씩 나아지는 느낌이야."

"에이, 그건 기분 탓 아니야?" 옆에 앉은 여인이 컵을 내려놓으며 말했다. "난 오히려 파스토의 설교가 더 맞는 것 같던데. 죄랑 매일 싸워야 하고, 회개 없이는 구원도 없다고 했잖아. 엘루아는 거룩하시고, 우리는 매일 깨어 있어야 한다고."

세 번째 여인은 눈썹을 찌푸리며 고개를 저었다. "둘 다 너무 극단적이야. 나는 앵젤로의 설교가 더 와 닿더라. 이웃을 사랑하고, 세상 속에서 선하게 사는 게 신앙이지. 정죄보단 위로가 필요해. 우리가 서로 안아줘야 세상도 바뀌는 거잖아."

"위로도 좋지만 현실을 봐야지. 죄는 죄야. 그냥 착하게만 살아서 구원받을 수 있으면 얼마나 좋겠어? 난 파스토의 설교가 진짜라고 생각해." 첫 여인이 단호히 말했다.

"근데 그럼 너두 숨 막히지 않아? 매일 죄와 싸우고, 회개하고, 또 회개하고... 그게 신앙이야?"

앵젤로를 지지하던 여인이 눈을 동그랗게 뜨며 반문했다.

"누가 뭐래도 나는 골든의 설교가 최고라고 생각해. '엘루아는 우리 인생을 축복하신다'고 했잖아. 요즘처럼 불안한 시대엔 그런 말이 필요하지 않아? 긍정적으로 믿으면 기적도 일어난다고 했어."

"기적은 순종 위에 임하는 거야. 마음만 좋다고 다 되는 건 아니라고."

파스토 지지자는 손을 모으고 무언가를 되새기듯 중얼거렸다.

"너희는 여전히 엘루아를 무섭게만 보려 하네. 엘루아는 사랑 그 자체라고. 약한 자들을 돌보시고, 우리 삶을 따뜻하게 감싸주시는 분이야."

사람들은 저마다 자신이 들었던 설교자의 말을 반복했고, 심지어는 서로 경쟁하듯 자신의 신앙이 더 순수하다고 주장했다. 하지만 그들의 말에는 분명한 기준이나 흔들리지 않는 진리는 없었다. 그 믿음은 서로 충돌했고, 각자의 취향대로 흩어져 있었다.

서로 다른 입장, 서로 다른 엘루아. 사르그의 아침 공기 속으로 그들의 말이 흩어졌다.

그들은 모두 하나의 이름, 엘루아를 말하고 있었지만, 정작 그들이 이야기하는 엘루아는 서로 다른 얼굴과 다른 음성을 하고 있었다. 누군가에겐 엘루아가 법의 심판자였고, 또 누군가에겐 위로의 친구였으며, 어떤 이에게는 성공의 수단처럼 여겨졌다. 이름은 하나였지만, 실체는 제각각이었다.

그 말들은 허공 속에서 하나의 공명을 이루지 못한 합창처럼, 그 목소리들은 조화되지 않은 채 제각기 다른 방향으로 퍼져나갔다.

아무도 틀렸다고 말하지 않았지만 그렇다고 누구도 옳다고 확신하지 못했다. 사람들은 신을 찾고 있는 줄 알았지만, 실은 각자의 필요를 신의 얼굴에 덧칠하고 있었던 것이다. 결국 그들이 부른 것은 한 본질의 엘루아가 아니라, 스스로 만들어낸

'자기 안의 엘루아'였다.

÷ ÷ ÷ ÷ ÷

길거리의 소음은 점점 더 시끄러워졌다. 그러나 그 소음 한 가운데, 묘하게 정적이 흐르는 한 모퉁이가 있었다. 붉은 천막 아래 작은 모임이 열려 있었고, "정직한 고백의 시간"이라 적힌 푯말이 바람에 살짝 흔들리고 있었다. 열댓 명 남짓한 사람들이 원을 그리며 서 있었고, 한 사람씩 앞으로 나와 손에 든 종이를 펴들고 자신의 죄를 읽기 시작했다. 진행자는 따뜻한 눈빛으로 고개를 끄덕였고, 사람들은 모두 고요하게 귀를 기울였다.

"저는 어제 과일 가게에서 다섯 개 값을 치르고, 여섯 개를 바구니에 담았습니다. 몰래 하나를 더 집어넣었고, 양심이 눌렸습니다. 오늘 나는 엘루아 앞에서 회개 합니다"

주변에서 조용한 박수가 터졌다.

"잘했어요. 회개는 용기예요."

또 다른 남자가 무대 앞으로 나왔다. 턱수염을 쓸며 종이를 펼쳤다.

"저는 어제 아내와 싸웠습니다. 바가지를 긁어서 제가 소리를 질렀고, 계속 대들기에 홧김에 거실에 있던 접시를 내 던졌습니다. '내가 말씀 안에서 인내해야 하는데…' 후회가 됩니다. 엘루아 앞에서 다시 자신을 다스리는 자가 되길 소망합니다."

사람들 사이에서 누군가 "아멘…" 하고 속삭였고, 또 누군가는 고개를 끄덕이며 "솔직한 고백 감사합니다"라고 말했다.

다음은 한 앳된 여성이 나왔다. 눈동자가 자꾸 바닥으로 떨어졌고, 손에 든 종이는 떨리고 있었다.

"저는… 어제 이웃 집 문 앞에 쓰레기를 몰래 두고 왔습니다. 그냥… 아무도 안 보길 바라며 두고 왔습니다. 돌아서는데 마음이 찝찝했어요. 오늘 새벽에 일어나 다시 그 봉투를 치웠습니다. 이기적인 제 마음을 엘루아께 회개합니다."

눈시울을 붉힌 그녀에게 누군가 손수건을 건넸고, 주위에서는 "정직하다", "용기 있다"는 말이 오갔다.

마지막으로 한 중년 여성이 나오더니, 깊은 숨을 내쉬고 말했다.

"저는 먹고 남은 음식물을 아무데나 버렸어요. 무심코 버렸지만, 돌아보니 이건 엘루아께서 주신 자연을 훼손하는 악한 습관이었고, 질서를 무시한 행동이었습니다. 제 안의 무지와 죄를 회개합니다."

작은 웃음이 여기저기서 흘렀지만, 그것은 비웃음이 아닌 공감과 유쾌한 인정의 웃음이었다. 그리고 모두가 진지하게 고개를 끄덕이며 박수를 보냈다.

"진짜 정직했어요. 잘하셨어요."

이 모임은 죄를 낱낱이 드러내고, 정직함을 미덕으로 여기는 장소였다. 누구도 큰 죄를 고백하지 않았고, 대부분은 작고 사소해 보이는 일상이었다. 그러나 그들의 얼굴에는 경건함과 동시에 묘한 안도감이 떠올랐다. 죄를 털어놓았다는 사실보다, 그것이 사람들로부터 인정받았다는 사실이 그들을 위로하고 있었다.

하지만 멀찍이서 그것을 바라보던 리안은, 어쩐지 설명할 수 없는 허기를 느꼈다. 고백은 있었지만, 고백을 들으시는 '누군가'는 보이지 않았다. 죄의 이름은 많았지만, 죄에서 벗어나는 길에 대한 말은 없었다. 그것은 정화라기보다는… 마치 '정직한 이미지'를 위한 절차처럼 보였다. 그래서 그는 더 허전해졌고, 마음속 갈증은 더욱 깊어졌다.

이상하게도 기준이 없는데도 사람들은 죄를 고백했고, 그 고백은 진지하게 받아들여졌다. 고백의 내용은 때로는 사소했고,

때로는 과장되었지만, 누구도 그 기준이 어디에 닿는지를 묻지 않았다. 엘루아는 침묵하고 있었지만, 사람들은 각자 자신의 내면의 법에서 흘러나온 양심과 감정에 따라 죄를 정의했고, 그 죄를 고백함으로써 정결해진다고 믿었다.

진리의 법이 없는데도 회개는 유통되었다. 특별한 법은 존재하지 않았고, 선포된 계시도 없었지만, 사람들은 여전히 누군가 앞에 자신을 낮추고 눈물을 흘렸다. 고백은 하나의 의식이 되었고, 회개는 하나의 절차가 되었다. 회개의 진실성보다는 그것을 얼마나 경건하게 보이게 말하느냐가 중요한 듯했고, 사람들은 그 틀에 맞춰 자신을 연출했다.

심판은 없었지만, 정죄는 넘쳐났다. 누구도 엘루아의 심판을 두려워하지 않았지만, 사람들은 서로를 조용히 감시하며 판단했다. 누가 더 많이 회개했는지, 누가 더 정결한지를 겨루는 묘한 분위기 속에서, 신앙은 내면의 무게가 아니라 외형의 격식으로 평가되었다.

사르그는 어딘가 지나치게 도덕적이었다. 말은 온유했고, 행동은 절제되었으며, 표정은 경건했지만, 그 안에는 생명이 없었다. 겉으로는 정결해 보였지만, 실제로는 진리를 담지 못한 껍데기에 불과했다. 정죄는 넘쳤지만, 그 정죄는 율법에서가 아니라 사람들의 시선에서 비롯되었다. 진리 없는 정죄는 본질을 향한 회개가 아니라, 서로를 향한 감시로 이어졌고, 정죄를 통해 정결해지려는 도시, 그리고 그 과정 자체에 안도감을 느끼는 사람들이 사르그의 주류들이었다.

그리고 무엇보다, 그 도시는 지나치게 말이 많았다. 고백과 찬양, 경고와 격려, 위로와 다짐, 선언과 훈계가 끊임없이 쏟아졌지만, 정작 그 말들 가운데 생명을 불러일으키는 진리는 들리지 않았다. 각자의 기준으로 시작된 말들이 서로 뒤엉키며 공허하게 퍼져 나갔고, 그 혼란한 도시 한복판에서 진리는 더욱 깊은 침묵 속으로 사라져갔다.

리안은 속으로 조용히 중얼거렸다.

"이곳은 진리가 정한 죄가 기준이 아니라, 자신의 기준이 죄가 된다."

그 도시에서 기준은 고정된 진리가 아니었다. 오히려, 누군가가 다르게 말하면 그 기준이 죄가 되었고, 또 누군가가 새로운 기준을 말하면 그 전의 기준은 순식간에 잘못된 것으로 전락했다. 죄란 본래의 본질에서 어긋남이 아니라, 집단에서 벗어난 생각이 되었고, 누구도 명확히 "이것이 죄다"라고 말하지 못했지만, 모두가 서로를 보고 죄를 짐작했다. 진짜 잘못이 아니라, 잘못처럼 보이는 것이 더 위험했다.

그들은 엘루아의 이름을 끊임없이 불렀고, 엘루아의 뜻을 말했고, 속성과 명칭들을 외웠다.

자비의 엘루아, 거룩의 엘루아, 회복의 엘루아, 치유의 엘루아, 공의의 엘루아…

말들은 많았고, 목소리는 웅장했다. 그들은 강단에서, 광장에서, 가정 안에서, 심지어 골목길의 대화 속에서도 엘루아의 이름을 되뇌었다.

그러나 정작 그 이름의 본질은 아무도 말하지 않았다. 그 누구도 엘루아가 '어떤 존재인지'에 대해 이야기하지 않았다.

그들은 엘루아로 무엇을 얻을 수 있는지, 어떤 기준을 따라야 하는지, 무엇을 하면 엘루아의 기쁨을 살 수 있는지에 대해서만 떠들 뿐이었다. 엘루아는 수단이었고, 엘루아는 명분이었다. 그러나 엘루아는 존재하지 않았다. 그 이름은 항상 불려졌지만, 그 본질은 사라져 있었다.

리안은 조용히 도시 외곽으로 걸어 나갔다. 사람들이 떠드는 소리는 점점 멀어졌지만, 그 말들의 잔향은 머릿속에서 좀처럼 가라앉지 않았다. 광장에서 들었던 설교자들의 목소리, 길가 여인들의 수다, 죄를 고백하던 사람들의 음성들까지, 모두가 자신만의 방식으로 엘루아를 말하고 있었지만, 정작 그 속엔 아무 것도 없었다.

리안은 발걸음을 멈추고, 희뿌연 하늘을 바라보며 낮게 중얼거렸다.

"이건 아닌 것 같은데… 아닌 게 정확히 뭔지를 모르겠어."

그 말은 질문이자 고백이었고, 동시에 절규에 가까웠다.

"만약 저 설교자들의 말이 진리가 아니면 어떻게 되는 거지? 만약 우리가 잘못된 길을 따라가고 있는 거라면? 나중에 우리가 꿈꾸는 그 나라에 들어가지 못한다면, 누가 책임지는 거야? 누가 그들의 설교가 진짜라는 걸 보장해 줄 수 있지? 아무도, 아무도 보장해주지 않아… 그들이 틀렸다면, 우리는 어쩌란 말이야…"

그는 누군가에게 묻는 것도 아니고, 스스로를 설득하려는 것도 아니었다. 그저, 그 말들을 뱉지 않고는 견딜 수 없었다. 그의 마음속에 오래 쌓여 있던 의문들이 이제는 질문의 형태로 터져 나오고 있었고, 그 질문은 공기처럼 무겁게 그의 가슴을 짓눌렀다.

그는 다시 혼잣말처럼 속삭였다.

"말은 많은데… 도대체 누가 진짜야? 누가 옳은 거야? 아니, 옳다는 걸… 어떻게 알아?"

그 순간, 그의 내면에 떠오른 건 더 많이 '이해하고 싶다'는 단순한 욕구가 아니었다. 그것은 살고 싶다는 갈망이었다. 생명을 얻고 싶고, 생명을 잃지 않고 싶고, 무언가 '참된 것' 위에 서고 싶은 본능적인 몸부림이었다.

그의 마음속 공허는 더 깊어졌다. 메마른 밭 같았다. 아무리 외부에서 무언가를 던져 넣어도, 뿌리내리지 못하고 증발해 버리는 땅. 그 속은 단단했고, 동시에 목말랐다. 그는 누군가가 내려와서 그 땅을 갈아엎어 주기를 바랐고, 그 위에 생명의 씨앗 하나가 진짜로 심어지기를 간절히 바라고 있었다.

리안의 영혼은 지금, 진리가 아닌 말들 속에서 고통받고 있었다. 그는 그것을 알고 있었고, 그것이 바로 문제라는 것을 점점 더 분명히 깨닫고 있었다. 그의 영혼은, 진짜 진리를 기다리고 있었다.

제 4 장
사르그에 부는 바람

 도시에는 늘 그랬듯이 세 가지 큰 흐름이 있었다. 율법주의, 인본주의, 기복주의. 그것은 사르그를 지탱해온 오래된 기둥들이었고, 대부분의 사람들은 그 셋 중 하나에 기댄 채, 자신만의 종교적 삶을 살아가고 있었다.
 율법주의자들은 질서와 도덕을 아주 중요하게 생각했다. 그들에겐 '내면의 법'이 있었고, 그것은 외적인 율법보다 더 은밀하고 강하게 사람을 통제했다. 그래서 죄는 작은 것까지 나뉘었고, 사람들은 늘 스스로를 점검하며 살았다. 무언가를 철저히 지키는 것이 믿음이라 여겼고, 겉으로 바르게 행동하는 것이 곧 신앙의 기준이 되었다. 그러나 그 내면의 법은 기준이 분명하지 않았고, 마음속에서 느끼는 것에 따라 달라졌기에 사람들은 항상 자신이 부족하다고 느꼈다. 그 결과 남을 먼저 판단하고, 고개를 숙이면서도 속으로는 스스로를 옳다고 여겼다.

인본주의자들은 자유롭게 살고, 스스로 선택하는 삶을 중요하게 여겼다. 그들에게 신은 사랑 그 자체였고, 그 사랑은 모든 잘못을 그냥 품어주는 것처럼 보였다. 그래서 그들은 심판이나 죄에 대해 말하지 않았고, 신의 거룩함보다 사람의 감정을 이해하고 위로해주는 걸 더 중요하게 생각했다. 그들에게는 정해진 기준도 필요 없었고, 진리는 사람마다 다를 수 있다고 믿었다. 결국 그들도 '내면의 법'을 따라 살았고, '내가 느끼는 대로, 내가 하는 대로'가 진리처럼 되었으며, 그것이 곧 자기 생각이 옳다고 여기는 기준이 되었다.

기복주의자들은 복을 받는 걸 믿음의 가장 큰 목표처럼 여겼다. 믿음은 기도하면 원하는 것을 받는 것이었고, 기도는 신과 맺는 약속처럼 여겨졌다. 성공이나 건강, 평안하고 잘되는 삶은 신이 주시는 복이라고 믿었고, 그것이 없으면 믿음이 부족하다고 생각했다. 그들의 믿음은 말로 자주 표현되었고, 그 말은 자기 확신에서 나왔다. 결국 그들도 '내면의 법'을 따라 살았고, 그 법은 자기 마음속에 있는 믿음을 기준 삼아 신을 판단하게 만들었다.

리안은 그 셋을 모두 보았고, 그의 마음은 더욱 깊은 허전함에 잠겼다. 광장을 지나며, 거리의 벽면을 스치는 설교의 울림을 들으며, 카페의 창가에서 속삭이듯 오가는 종교적 담론을 보며, 그는 알 수 없는 분노가 치미는 반감이 일었다. 마치 무언가가 조용히 부패해가는 냄새를 맡을 때처럼 말할 수 없는 거부감이 마음 깊은 곳에서 올라오고 있었다.

그가 얼마 전 꾼 꿈이 떠올랐다. 길가 밭, 돌밭, 가시덤불 밭, 그리고 마지막에 나타난 깊고 조용한 밭, 곧 좋은 밭이었다. 이 마지막 밭 앞에 섰을 때, 그는 자신도 모르게 고개를 숙였고, 마음속 어딘가가 조용히 금이 가기 시작했다. 리안이 붙들고 있던 무언가가 흔들리는 느낌이었다. 그 밭은 강하지 않았고, 빛나지도 않았지만, 낮고 비워져 있었다. 받아들일 자리가 있었다.

그러나 지금 사트그에서 마주하는 모든 사람들의 모습은, 그가 꿈에서 보았던 좋은 밭과 같은 사람과는 정반대의 모습들뿐이였다. 누구도 무너지려 하지 않았고, 누구도 흔들리지 않는 진리에 관심이 없었다. 회개는 있었지만 방향이 없었고, 위로는 있었지만 기준이 없었다. 사람들은 각자의 신념 속에서 점점 더 단단해지고 있었다. 사르그의 사람들은 말없이도 외치고 있었다. "나는 옳다. 나는 이미 알고 있다."

리안은 속으로 중얼였다. 도시는 여전히 '신'을 말하고 있었고, 여전히 '믿음'을 말하고 있었지만, 그 말들에는 뿌리가 없었다. 말은 흘러다녔고, 감정은 퍼졌으며, 확신은 외쳐졌지만, 정작 그 중심에는 아무것도 심기지 않고 있었다.

사르그는 율법주의, 인본주의, 기복주의라는 세 개의 축을 기반으로 세워졌다. 이 세 축의 중심 한가운데에 엘루아의 석상이 세워져 있었다. 이 석상을 중심으로 세 개의 주축이 방사형으로 퍼져 나갔고, 그 축을 따라 열 개의 구역이 정밀하게 나뉘어 도시 전체를 구성했다. 각 구역은 각각의 길을 통해 석상과 곧바로 연결되었으며, 모든 구조는 완전한 원형 안에서 유기적으로 얽혀 하나의 통일된 질서를 이루고 있었다. 그리고 그 바탕에는 진리가 아닌 인간의 방식이 놓여 있었다.

÷ ÷ ÷ ÷ ÷

첫 번째 큰 기둥을 이루고 있는 율법주의는 네 개의 구역으로 나누어졌다. 전통주의와 경건주의, 형식주의와 공로주의였다. 이 구역들에서는 정해진 질서와 반복되는 의식이 신앙의 구조를 형성했고 외형적 경건이 곧 믿음으로 받아들여졌다.

전통주의의 구역에서는 오래된 질서가 곧 진리인 것처럼 여겨지고 있었다. 사람들은 과거에 있었던 방식만이 옳다고 믿었고 어떤 변화든 두려워하며 피하려고 했다. 신이 지금도 말씀하신다는 사실보다 옛 관습을 지키는 것이 더 중요하게 여겨졌고 살아 있는 진리의 음성은 들리지 않고 있었다. 이 구역은 진리를 지키는 척했지만, 사실은 진리를 오래된 틀 안에 가둬 놓았다. 말씀은 지금도 살아서 사람들과 함께하려고 하는데, 이곳은 그걸 전통과 대치된다고 하여 말씀의 진리를 받아들이지 않았다.

경건주의의 구역에서는 절제와 조용함이 신앙의 본질처럼 강조되고 있었다. 사람들은 자신을 감추었고 연약함을 보이면 부족한 사람으로 여겨졌으며 감정 표현도 삼가야 경건하다고 여겨졌다. 경건은 신과의 인격적인 교제가 아니라 형식적인 태도로 바뀌었고 삶은 점점 외형적인 훈련으로 채워지고 있었다. 이 구역은 사람의 마음 깊은 곳에서 만나야 할 진리를 무시하고, 겉으로 보이는 행동이나 절제만을 중요하게 여겼다. 그래서 결국 참된 진리를 받아들이지 못하고, 오히려 진리를 대적하는 모습이 되어버렸다.

형식주의의 구역에서는 예배가 신을 만나는 자리가 아니라 늘 똑같이 반복되는 의식으로 흘러가고 있었다. 정해진 순서와 절차에 따라 움직이는 것이 신앙의 본질처럼 여겨졌고 사람들은 왜 예배드리는지를 생각하기보다 어떻게 예배드리는지만 지키려 했다. 살아 있는 신의 임재는 느껴지지 않았고 진리는 기계처럼 반복되는 행위 속에 묻히고 있었다. 이 구역은 예배를 통해 인격적인 진리를 경험하는 것을 잃어버렸고 결국 형식을 본질 위에 올려놓으며 진리를 대적하고 있었다.

공로주의의 구역에서는 헌신과 수고가 진리를 얻기 위한 조건처럼 여겨지고 있었다. 사람들은 구원을 선물로 받는 것이 아니라 자신이 노력하고 뭔가를 해내야만 받을 수 있는 것으로 믿고 있었고, 십자가는 신이 먼저 주신 은혜가 아니라 내가 열심히 하면 보상처럼 주어지는 거래의 약속으로 바뀌고 있었다. 이 구역은 진리가 말하는 '은혜로 말미암은 믿음'을 거부했고, 대신 인간의 노력과 자격으로 진리를 얻을 수 있다는 생각으로 진리를 대적하고 대체하고 있었다.

÷ ÷ ÷ ÷ ÷

두 번째 큰 기둥을 이루고 있는 인본주의는 세 개의 구역을 낳았다. 자유주의와 보편주의, 혼합주의였다. 이 구역들에서는 진리가 상대적인 개념으로 바뀌었고 기준 없는 자비와 통합이 신앙의 이름으로 받아들여졌다.

자유주의의 구역에서는 모든 해석이 허용되고 있었다. 누구나 자신만의 방식으로 경전을 해석할 수 있었고 기적은 실제 사건이 아닌 상징으로 바뀌었으며 십자가는 단지 은유나 하나의 철학처럼 여겨지고 있었다. 진리는 변하지 않는 기준이 아니라 사람마다 다르게 이해될 수 있는 개념으로 바뀌었고, 경전은 하나의 관점으로 취급되었다. 이 구역은 말씀을 사실 그대로 믿지 않고, 그냥 느끼는 감정이나 감상으로 바꿔버렸다. 또 십자가도 실제로 우리를 구원하는 일로 보지 않고, 그저 감동적인 이야기처럼 여겼다. 그래서 결국 진짜 진리를 반대하게 된 것이다.

보편주의의 구역에서는 회개가 필요하지 않았고 누구나 구원받는다는 말이 전제처럼 받아들여지고 있었다. 죄에 대한 통찰도 약해졌고, 믿음조차 선택할 수도 있고 안 할 수도 있는 선택사항으로 여겨졌으며, 십자가는 더 이상 하늘의 희생과 자신의 희생의 자리로 여겨지지 않고, 상징적인 배려처럼 여겨지고 있었다. 구원은 모든 사람에게 자동으로 주어지는 것으로 이해되었고 결국 십자가는 죄와 심판이라는 주제를 피해 가는 장식물처럼 다뤄지고 있었다. 이 구역은 진리가 요구하는 회개와 믿음의 응답을 무력화했고 구원의 본질을 흐리게 만들며 진리를 대적하고 있었다.

혼합주의의 구역은 다양한 종교와 철학이 하나로 융합된 공간이었다. 하늘의 아들은 유일한 구세주가 아니라 여러 성자 중 하나로 불렸고 경전은 많은 진리들 중 하나의 문서처럼 여겨지고 있었다. 사람들은 '다름'을 포용이라는 이름으로 절대화했고 결국 진리보다 조화를 더 중요하게 생각하게 되었다. 모든 길은 결국 하나로 이어진다고 믿었고 예수님의 유일성과 복음의 절대성은 타인의 감정을 해치는 편협함으로 여겨졌다. 이 구역은 진리가 유일하다는 말씀을 가장 거세게 거부했고 결국 진리를 절대화하지 못하도록 만드는 방식으로 진리를 대적하고 있었다.

÷ ÷ ÷ ÷ ÷

세 번째 큰 기둥을 이루는 기복주의는 세 개의 구역을 낳았다. 신사도주의와 신비주의 그리고 마지막으로 은사주의였다. 이 구역들에서는 계시와 체험이 신앙의 중심이 되었고 권위와 감동이 진리를 대신했다.

신사도주의의 구역에서는 '사도'라 불리는 자의 말이 곧 계시로 받아들여졌다. 그의 말은 경전의 말씀보다 더 즉각적인 신의 음성처럼 여겨졌고 그의 손짓과 선언은 신의 명령처럼 받아들여졌다. 사람들은 기꺼이 복종했고 그 중심에는 사랑과 인격이 아닌 영적 권위와 질서가 자리하고 있었다. '새 계시'라는 이름으로 선포되는 말은 절대화되었고 경전에 근거하지 않아도 믿어야 할 진리처럼 작동하고 있었다. 이 구역은 말씀의 권위 위에 새로운 계시를 올려놓았고 인격적인 진리를 구조적 통제로 대체하며 진리를 대적하고 있었다.

신비주의의 구역에서는 환상과 꿈 그리고 예언과 감정이 말씀보다 앞서 다루어졌다. 사람들은 말씀을 묵상하기보다 느낌과 환상을 좇았고 날마다 새로운 계시를 갈망했다. 경전은 점점 참고용 자료로 밀려났고 느낌이 진리의 기준처럼 작동하고 있었다. 진리의 인격은 분명하지 않았고 '체험'이라는 단어가 그 왕좌를 차지하고 있었다. 만남은 감정적인 전율로 바뀌었고 신의 음성은 확정된 말씀보다 사람 안의 감정으로 해석되었다. 이 구역은 말씀보다 체험을 앞세웠고 검증할 수 없는 감정으로 진리를 대체하며 진리를 대적하고 있었다.

은사주의 구역에서는 감정과 체험이 진리를 대체하고 있었고 말씀은 점점 희미해지고 있었다. 하늘의 기준은 사라졌고 뜨거움과 전율이 곧 신의 임재라고 받아들여지고 있었다.

사람들은 말씀 앞에 무릎 꿇기보다, 감정 안에서 위로 받기 원했고, 십자가는 그저 친절한 위로의 상징이 되어 있었다. 그 구역은 언제나 예고 없이 찾아왔고 도시를 한순간에 뒤흔들며 열광의 중심으로 사람들을 끌어당기고 있었다. 이 구역의 단지 감정과 체험의 구역이 아니었다. 어떤 이들은 이곳을 '바람의 구역'이라 불렀다. 그 이름처럼, 이 구역은 시대가 어두워질 때마다 어김없이 바람처럼 찾아왔다.

처음에는 조용하고 부드럽게 다가오다가 어느새 도시 전체를 폭풍 속으로 몰아넣었다. 모두가 열광하고 흔들리는 사이, 말씀은 점점 사라졌고, 그 바람은 자신이 진리인 것처럼 사람들의 마음을 휘감았다. 그러나 그것은 오래가지 않았다. 항상 그랬듯이, 바람은 사그러졌고, 그 열정의 흔적만 남은 채 사람들은 다시 공허속으로 돌아갔다. 이 구역은 그렇게 반복되어 왔다. 말씀이 사라진 자리를 감정이 메우고, 하늘의 기준이 사라진 곳에 체험이 진리를 대신했다.

그는 사르그 거리 한가운데 멈춰 섰다. 사방에서 설교의 소리, 위로의 노래, 선언의 문장이 들려오고 있었다. 어느 곳은 기준 없는 죄와 율법들을 짚어내고 있었고, 어느 곳은 조건 없는 수용과 사랑을 말하고 있었으며, 또 다른 곳에서는 풍요와 성공을 선포하고 있었다.

그는 고개를 숙였다. 모든 말들이 진리를 말하는 것 같았지만, 정작 그 어디에도 '검증'이라는 것이 없었다. "도대체 누가 말해줄 수 있지? 이 말이 진짜인지, 거짓인지? 이 기준이 옳은 건지, 아닌 건지?"

리안은 도심 중앙을 지나며, 늘 그래왔듯이 엘루아의 거대한 석상 앞을 지나쳤다. 석상 발치의 돌판에는 익숙한 문구가 선명히 새겨져 있었다. "너의 내면이 곧 너의 법이다." 그 문장은 리안의 눈에 낯설지 않았다. 그는 그 문구를 매번 보았고, 오늘도 그저 스쳐 지나갔다. 그는 한참 동안 그 문장을 쳐다보다가 천천히 고개를 저었다.

"…아냐. 내 안에는 기준이 없어. 감정은 흔들리고, 경험은 변하고, 기억은 틀릴 수 있어. 그런데 내 안에 있는 내면이 곧 법이라고?"

그의 눈이 붉어졌다. 이 도시는 말이 너무 많았고, 그 말들은 전부 확신에 차 있었으며, 그 확신은 스스로를 설득하는 데에만 집중되어 있었다. 누가 누구를 검증할 수 있단 말인가. 누가 죄를 정의하고, 누가 의를 세울 수 있으며, 누가 심판을 말할 수 있단 말인가. 그는 아직 흔들리지 않는 '진리', 변하지 않는 기준을 만나지 못했다는 것을 알고 있었다.

그렇기에, 그 어떤 말도 끝내 그를 위로하지 못하고 있었다. 기준이 없는 회개, 검증되지 않은 죄, 중심 없는 위로, 심판 없는 사랑, 그 모든 말은 허공에 흩어지고 있었다.

÷ ÷ ÷ ÷ ÷

리안이 그 길을 따라 조용히 걷고 있을 때였다. 갑자기, 사람들 사이에서 웅성거림이 있었다.

처음엔 낮은 소리였다. 누가 속삭이듯 말을 흘렸고, 또 누군가가 고개를 돌렸다. 그러더니 불씨처럼 말이 번져나가기 시작했다.

"이번엔 진짜래."

"천국을 봤대."

"글로리아라는 사람… 그 이름, 나도 들었어."

소문은 빠르게 퍼졌고, 사람들의 발걸음이 어디론가 향하고 있었다. 리안은 멈춰 서서, 무심코 따라가는 사람들의 뒷모습을 바라보았다.

사르그에서는 신비로운 분위기가 퍼지고 있었다. 그것은 언뜻 예전에 본 적이 있는 듯 익숙했지만, 동시에 뭔가 새로운 형태를 하고 나타나서 낯설게 느껴지기도 했다.

사르그는 늘 그랬다. 시대가 어두워질 때마다, 어디선가 알 수 없는 불안이 퍼지면, 어김없이 어떤 열풍이 도시를 휘감았다. 마치 허공에서 피어난 연기처럼 시작된 소문이, 골목을 지나고, 사람들의 귓속에 들어가며 확신으로 바뀌었다.

"이번엔 진짜야. 어떤 여인이 천국과 지옥을 보고 돌아왔대."

신이 직접 말씀하셨대. 이젠 마지막 때를 준비해야 한대."

사람들의 눈빛이 달라졌다. 귀가 쫑긋 세워졌고, 평소엔 조용하던 이들마저 속삭이기 시작했다.

"그녀가 기도하니까 진짜 성령의 불이 임해. 그 성령의 불이 실제로 느껴졌어. 몸이 뜨거웠다고!"

그들은 감동을 '엘루아의 임재'라 불렀고, 전율을 '엘루아의 확증'이라 믿었다. 누구도 따져 묻지 않았고, 누구도 그 말에 대한 근거를 찾지 않았다. 그저 '느꼈다'는 말이면 충분했고, '보았다'는 말이면 믿음은 완성되었다.

도시의 심장은 빠르게 반응했다. 누가 먼저랄 것도 없이 모임이 생기고, 증언이 이어지고, 기적들의 이야기가 들려오기 시작했다. 손을 얹고 기도하면 병이 낫는다 했고, 환상을 봤다는 사람들이 늘어났다. 누군가는 신의 음성을 들었다고 했다. 천국과 지옥을 보고 왔다는 이도 있었고, 앞으로 무슨 일이 일어날지 예언하는 이도 있었다. 그들의 말은 구체적이지 않았고, 그들이 들고 다니는 경전과도 연결되지 않았으며, 어떤 확실한 기준에 근거하지도 않았다. 그러나 신기했고, 놀라웠고, 사람들은 그 이야기들에 몰려들었다.

이처럼 예고도 없이 찾아와, 불처럼 한순간 타오르다가 아무 흔적도 남기지 않고 사라지는 사람들, 사르그에서는 그들을 은사주의자라 불렀다.

처음엔 작은 모임에서 시작되었지만, 바람은 금세 번졌다. 거리에서, 모퉁이에서, 예배당 구석에서… 사람들은 들썩였고, 기대했고, 따라갔다. 이번에도, 그 바람이 다시 불고 있었다.

도시의 하늘은 흐렸고, 광장에는 이미 인파가 가득했다. 리안은 군중 속에 조용히 서 있었다. 사람들의 시선은 모두 한 곳을 향해 있었다. 도시 중심부, 엘루아의 석상 앞, 그 거대한 형상의 발치에, 임시로 세워진 단상 하나가 놓여 있었다. 그 위에, 글로리아가 서 있었다.

어느 날부터인가 나타나, 점점 도시 전체의 입에 오르내리게 된 여자. 그녀의 등장에는 명확한 전환점이 없었다. 사람들은 이미 그녀의 이름을 알고 있었고, 그녀가 무슨 말을 하는지 귀 기울이고 있었고, 그녀의 말에 무엇인가 '신적인 힘'이 깃들어 있다고 믿고 있었다.

그녀는 단상 위에서 고개를 들었다.

머리는 흰 천으로 감싸져 있었고, 하늘빛이 바랜 천 사이로 그녀의 이마엔 땀방울이 맺혀 있었다. 손에는 아무 책도 들려 있지 않았지만, 팔은 하늘을 향해 들려 있었고, 그녀의 몸에서는 이상하리만치 압도적인 에너지가 뿜어져 나왔다. 그녀는 고요하게 숨을 들이쉬더니, 눈을 부릅뜨고 외쳤다.

"나는 하늘에서 신의 심판을 보았습니다!"

목소리는 처음엔 낮고 쉰 듯했지만, 곧 이어진 외침은 벼락이 치는듯이 광장을 찢고 퍼져 나갔다.

"불의 강! 유황의 바다! 벌레들이 사람들의 눈을 파먹는 것을 보았습니다!"

그 말이 떨어지는 순간, 광장 전체가 얼어붙은 듯 정적에 휩싸였다. 그리고 그 다음 순간, 사람들 사이에서 숨죽인 탄성이 퍼졌다. 누군가는 입을 틀어막았고, 어떤 이는 그대로 무릎을 꿇었다. 아이를 안고 있던 여인은 울음을 터뜨렸고, 노인은 떨리는 손으로 가슴에 십자가를 그렸다. 광장 가장자리에서는 누군가가 엉덩방아를 찧고 주저앉았다.

"나는 천국의 문 앞에 섰습니다! 천사들의 찬양, 빛보다 밝은 보좌! 나는 어린양을 보았습니다!"

글로리아의 두 눈은 충혈되어 있었고, 그녀는 마치 무엇인가에 사로잡힌 사람처럼 단상을 돌아다니며 외쳤다.

목소리는 음성이라기보다 메아리처럼 울렸다. 그녀의 말은 단순한 소리를 넘어 공포와 기대가 뒤섞인 감정의 전류로 사람들의 심장 속에 박혔다.

"그리고 그분이 말씀하셨습니다. '너는 돌아가 이 말을 전하라. 시간이 다 되었다.'"

이 문장이 터졌을 때, 사람들 사이에선 마치 보이지 않는 폭풍이 스친 것처럼 일제히 떨림이 일어났다.

어떤 이는 두 팔을 들고 고함을 쳤고, 어떤 이는 고개를 숙인 채 통곡했다.

모자의 끈을 조이며 벌벌 떠는 남자, 바닥에 얼굴을 박고 '용서해달라' 외치는 여인, 주먹을 꽉 쥔 채 눈을 감고 있는 청년, 모두의 얼굴에는 감정의 격류가 흘렀다.

리안은 멀리서 그 모습을 조용히 바라보았다. 그는 예전에 이런 장면을 자주 목격해 왔다. 이 도시에선 사람들이 감정을 진리로 여기고, 두려움을 거룩한 것으로 착각한다. 그래서 사람들의 시선을 끌기 위해선 이런 신비한 일이 가장 잘 어울렸다. 그러나 그들의 눈물은 진리를 드러내지 못했고, 큰 소리는 참된 길을 비추지 못했다.

그날, 광장은 울부짖는 기도와 감격의 고백, 그리고 두려움에 잠긴 탄식으로 가득 찼다. 그러나 리안의 눈에는 그 모든 소리가 마치 지하에서 울려 퍼지는 혼란의 굉음처럼, 무너지는 집단의 무의식처럼 들려왔다.

그녀의 말은 불이었다. 그러나 그것은 빛도, 따스함도 아닌 허공에 타오르다 재만 남기는 불꽃이었다. 진리는 없었다. 오직 감정만이 있었다.

글로리아는 다시 외쳤다.

"짐승의 표는 이미 세상에 들어왔습니다! 베리칩을 조심하십시오! 이마와 손에 새겨질 그것이 바로 짐승의 인장입니다! 그 표를 받지 않는 자만이 구원을 얻을 것입니다! 깨어 있어야 합니다! 회개해야 합니다!"

사람들 사이에서 흐느끼는 소리가 터졌고, 어떤 이들은 땅바닥에 엎드려 기도하기 시작했다.

"신이시여, 용서해주세요! 베리칩을 받지 않게 해주세요!"

"저는 믿습니다! 저를 구원해주세요!"

리안은 깊은 숨을 들이켰다. 이건 단지 두려움을 동력으로 삼은 외침이었다. 사르그 사람들이 '경전'이라 부르던 책의 그 어떤 구절도 그녀의 말과 정확히 연결되지 않았다. 그러나 사람들은 그것을 묻지 않았다. 감동은 검증을 무디게 했고, 공포는 논리를 무력하게 만들었다.

글로리아의 말은 예언처럼 쏟아졌고, 그 안에는 검증할 수 없는 비전, 감동적인 회개, 그리고 긴박한 경고가 섞여 있었다. 그 말은 진리처럼 들렸지만, 어디에도 뿌리가 없는 말이었다.

다시 한 번 글로리아의 눈이 갑자기 크게 열렸다. 그녀는 단상 위에서 숨을 들이쉬고, 손을 치켜들며 외쳤다.

"전쟁이 일어날 것입니다! 피와 불이 거리를 덮을 것이며, 이 성벽은 무너지게 될 것입니다!"

사람들 사이에서 다시 한번 웅성거림이 터졌다. 누군가는 입을 막았고, 누군가는 주저앉았다. 고요한 공포가 웅크린 채 그들 가운데 퍼졌다.

"하늘이 갈라질 것입니다!"

그녀의 목소리는 점점 높아졌고, 눈빛은 광택을 더해갔다.

"그 날엔 엘루아께서 친히 이 도시를 심판하실 것입니다! 엘루아께서 칼을 드시고, 세상을 향해서도, 사르그를 향해서도 그것을 내리치실 것입니다!"

군중은 숨을 삼켰다.

몇몇은 자리에서 무릎을 꿇었고, 어떤 이는 "주여, 우리를 살려주소서!"라고 외쳤다.

아이를 안고 있던 여인이 흐느끼기 시작했고, 청년 하나는 눈을 감고 방언을 내뱉기 시작했다.

사람들의 감정은 고조되었고, 마치 들끓는 물처럼 광장 전체가 진동했다.

"이제는 준비해야 합니다!"

글로리아는 절규하듯 외쳤다.

"오늘 밤이 마지막이 될 수도 있습니다. 내일은 오지 않을 수도 있습니다. 그분은 가까이 와 계십니다! 눈을 뜨십시오! 회개하십시오!"

그녀의 말은 새로웠고, 급박했고, 그 새로움은 사람들을 끌어당겼다. 그러나 그녀의 설교는 감정의 파도와 같았다. 죄에 대한 기준도, 의에 대한 정의도 명확하지 않았다. 죄는 단지 찔림이나 감정의 동요로 규정되었고, 회개는 눈물을 흘리는 것이 되었다. 의는 그저 착한 마음이었고, 복음은 자신의 체험과 눈에 보이는 현상이 전부였다.

그럼에도 그 누구도 묻지 않았다. 그 말이 어디에서 왔는지, 그 말이 정말 흔들리지 않는 진리가 맞는지, 그 근거가 어디 있는지 묻는 이는 단 한 사람도 없었다.

리안은 그 군중들 속에서 한 걸음 뒤로 물러섰다.

그의 눈엔 글로리아의 외침보다, 그것을 그대로 흡수하고 열광하는 사람들의 얼굴에서 두려움이 감동으로, 감동이 믿음으로 변화되는 그 표정들을 보았다.

리안은 조용히 숨을 내쉬며 마음 속으로 중얼거렸다.

"…저 말이 틀렸다면, 누가 책임지지?"

이 의문은 그의 내면에서 깊고 무겁게 울렸다.

"만약 그녀가 말했던 그 시간에 심판이 오지 않는다면, 그가 외쳤던 그때에 전쟁이 일어나지 않는다면, 그가 전한 바로 그 날에 하늘의 아들이 오지 않는다면, 그때 이 말들은 무엇이 되는 걸까, 사람들이 흘린 눈물은, 소리쳐 회개했던 외침은, 드러낸 죄는… 도대체 어디로 흘러가는 거지?"

그의 눈빛은 차분했지만 흔들리고 있었고, 그 마음속에는 점점 더 깊은 갈망이 자리하고 있었다.

그는 더 이상 감동만으로는 움직일 수 없다는 것을 알고 있었다. 그 말이 아무리 절박해도, 아무리 사람들을 울려도, 그 안에 영원한 진리가 없다면, 그것은 결국 공기를 때리는 소리에 불과했다.

그 깨달음은 리안의 내면 깊은 곳에서 또 다른 갈증을 일으켰다. 말들이 쏟아지고, 감정이 고조될수록, 그는 도리어 더 절실하게 갈망하게 되었다. 감정이 아니라 진리, 일시적인 열광이 아니라 변하지 않는 기준을.

그는 속으로 묻지 않을 수 없었다.

"무엇이 흔들리지 않는 진리며, 변하지 않는 기준인가?"

그날 이후 글로리아의 입을 통해 새로운 엘루아의 말들이 계속해서 덧입혀졌고, 경전 어디에도 없는 말들이 매일처럼 선포되었다. 사람들은 그것을 '새로운 특별 계시'라 불렀고, 그 계시들은 늘 날마다 새로웠고, 늘 날마다 특별했다. 그리고 사람들은 그 새로움과 특별함에 환호했다.

이렇게 사르그에 글로리아가 일으키는 신비의 바람이 불자 사람들은 은사에 끌려갔고, 체험에 환호했고, 경전이 아닌 음성에 의존했다. 기준은 없었고, 판단은 감정에 맡겨졌으며, 검증되지 않은 언어들이 진리처럼 취급되었다.

리안은 그것이 또 다른 엘루아가 되어가고 있음을 보았다. 글로리아가 처음은 아니었다. 이전에도 그런 흐름들이 있었다. 한 시대, 도시에 위기의 순간이 올 때마다 그런 은사주의 운동이 불처럼 번졌고, 사람들이 그것에 휩쓸렸고, 시간이 지나면 언제 그랬냐는 듯 사라졌다. 그리고 남은 것은… 아무것도 없었다. 그들이 그 현장에서 말했던 엘루아의 말들은 안개처럼 사라져 버렸다.

그들이 말한 예언은 현실이 되지 않았고, 그들이 외친 심판은 오지 않았으며, 그들이 고쳤다던 병자들은 다시 병들었고, 그 감동의 물결은 증발하듯 사라졌으며, 한때 엘루아의 말이라 외쳤던 것들은 끝내 증명되지 못한 채 흩어졌다.

리안은 아직 흔들리지 않는 '진리'가 무엇인지 잡지 못했지만, 단 하나는 분명히 느끼고 있었다. 지금 사르그를 휩쓸고 있는 이 은사주의 바람도, 흔들리지 않는 진리는 아니라는 것을.

그들의 기준은 감정 위에 놓여 있었고, 감정은 늘 움직였다.

그 다음 날도 글로리아는 도시 한복판에서 외치고 있었다. 천국과 지옥을 보고 왔다고 했고, 다시 오실 주님에 대해 말했고, 짐승의 표를 조심해야 한다고 외쳤다. 사람들은 둘러앉아 눈을 반짝였고, 누군가는 울었고, 누군가는 손을 들고 아멘이라 외쳤다.

그러나 리안의 귀에는 더 이상 그 말이 들리지 않았다. 정확히 말하자면, 그 말들은 이제 그의 마음 어디에도 닿지 않았다. 그 모든 것이 마치 반복된 의식처럼 메마르고 공허하게 느껴졌다. 리안의 내면은 점점 지쳐가고 있었으며, 그 갈증은 더 깊어지고 있었다. 변하지 않는 진리 외에는 그의 갈증을 해갈 시켜 줄 그 무엇도 존재하지 않았다.

제 5 장
이름이 새겨지는 사람들

계속해서 일어나는 마음속의 혼란으로 리안은 깊은 잠에 들지 못했다. 생각이 꼬리를 물고 이어졌고, 답을 알 수 없는 질문들이 밤새 가슴을 두드렸다. 그러다 겨우 잠이 들었을 즈음, 창밖 어딘가에서 들려오는 노점상의 외치는 소리에 문득 눈을 떴다.

여전히 가라앉지 않는 마음을 안고 거리로 나섰다. 아침 공기는 맑았지만, 리안의 안에는 어두운 안개가 머물러 있었다. 리안은 광장으로 향하는 길을 천천히 걸었다.

가는 길 양쪽 건물의 유리면에 걸린 커다란 슬로건들이 바람에 가볍게 흔들렸다. '당신 안에 답이 있습니다', '내면의 법을 따르세요', '양심은 진리입니다' 같은 말들이 반복되고 있었다. 익숙한 말이었다. 사르그의 사람들은 그것을 배웠고, 익혔고, 스스로 말하게 되었다. 심지어 리안도 오랫동안 그 말들에 고개를 끄덕였었다.

거리 모퉁이의 카페 안에서는 사람들이 오늘의 말씀에 대해 이야기 나누고 있었고, 반대편에서는 두 남녀가 경전을 펴 놓고 자신의 느낌과 감정을 따라 신의 뜻을 해석하는 수업을 하고 있었다. 누가 정확한 기준을 세우는 것이 아니라, 각자 마음속에서 느끼는 대로 진리를 받아들이고 있었던 것이다. 도시 전체는 마치 조용한 합창처럼, 저마다 자기 안에 기준을 두고 살아가고 있었다.

율법을 외치는 자들은 "거룩은 철저한 삶을 통해 유지되는 것"이라고 단언했고, 사랑을 가르치는 자들은 "사랑으로 신의 뜻이 완전해진다"고 주장했다. 복을 말하는 이들은 "믿으면 모든 것이 잘될 것입니다"라고 가르쳤으며, 엘루아의 특별 계시를 말하는 사람들은 "엘루아가 지금 당신 안에서 말씀하십니다"라며 감정을 절대화했다. 인간 중심의 교사들은 "당신은 당신과 세상의 이웃을 사랑해야 합니다" 라고 확신 있게 말했다.

리안은 이 모든 흐름을 다 경험했다. 그러나 어느 하나도 마음에 닿지 못했다.

사르그 의회는 그 모든 가르침과 기준을 모아 하나의 합의에 이르렀다. "하늘의 뜻은 다양하게 해석될 수 있으며, 각자의 방식대로 신앙을 실천할 자유가 있다" 는 것이었다. 그렇게 도시의 신앙은 하나로 모이지 않았고, 서로 갈라져 있었다.

그리고 사람들은 자기의 내면의 법을 따라 자기의 신앙을 고백했다. 진리가 기준이 아니라, 감정과 경험과 나름의 해석의 기준에 따라 자기 안에 신을 세웠다.

그 신은 어떤 사람에게는 법처럼 보였고, 어떤 사람에게는 사랑이나 기적처럼 보이기도 했다. 어떤 사람은 자신을 신처럼 여기기도 했다. 도시는 사람들이 믿고 싶은 대로 믿도록 내버려 두었고, 사람들은 자기 생각이 맞다고 여기며 만족했다. 그래서 신앙은 하나로 모이지 못하고 흩어졌고, 한 가지 진리 대신 여러 해석이 자리를 차지하게 되었다.

÷ ÷ ÷ ÷ ÷

그의 발걸음이 사르그 중심부에 닿기까지는 오래 걸리지 않았다. 리안은 조용히 그 흐름을 따라가고 있었지만, 그의 내면에는 점점 커져가는 공허가 일렁이고 있었다.

도심 중앙에 높게 솟은 석상. 인간의 형상을 하고 있으되, 그 비율과 위엄은 인간을 초월한 듯한 인상을 주었다. 눈은 분명히 떠 있었다.

깊고 선명한 조각의 눈.

돌로 새겨졌지만, 리안은 언제나 그 눈에서 이상한 감정을 느끼곤 했다. 말은 없지만 지켜보는 눈. 눈동자는 돌처럼 멈춰 있었지만, 사람들의 마음 깊은 곳까지 꿰뚫어보는 듯했고, 누구든 그 앞에 서면 자신이 보이고 싶은 모습만 보여주며 지나가게 되었다.

수없이 많은 설교자들이 그 앞에서 외쳤고, 군중은 고개를 끄덕였으며, 찬양과 구호, 체험담과 선언이 끊임없이 그 발치에 쌓였다. 그 석상은 원래 아무 의미도 없었지만, 사람들이 마음속으로 의미를 부여하면서 점점 중요한 것이 되었다. 그렇게 모두가 바라보는 중심이 되어버렸다.

그러나 오늘 아침, 리안은 엘루아의 눈을 바라보지 못했다. 그의 시선은 자연스럽게 석상의 아래로, 반석처럼 깔린 받침대 위로 흘러내렸다.

검은 돌판 위, 그동안 너무 익숙해서 의미 없이 지나쳤던 문장이 있었다.

"너의 내면이 곧 너의 법이다."

그 문장을 리안은 셀 수 없이 많이 보아왔다. 어려서부터 늘 그 자리에 있었다. 마치 공기처럼 도시의 배경처럼 거기에 있었다. 사람들은 그 앞에서 기도했고, 어떤 이들은 그 글을 암송하며 눈물을 흘렸다. 하지만 리안은 그것을 언제나 그냥 있는 것으로만 여겼다. 그렇게 모두가 살았고, 자신도 그랬다.

그러나 오늘 아침, 그 문장은 다른 그 어떤 날보다 더 깊은 의미로 다가왔다. 똑같은 글귀였지만, 이 순간만큼은 그 글귀가 마치 자신에게만 말을 거는 것처럼 느껴졌다. 리안은 그 앞에 멈춰 섰다. 햇빛이 문장 위를 비스듬히 비추고 있었고, 검은 바탕 위로 글자 하나하나가 은빛으로 반짝이고 있었다. 그는 그 문장을 조용히 입 안에서 따라 읽었다.

"너의 내면이 곧 너의 법이다."

그제야 리안은 깨달았다. 사르그는 바로 이 문장을 기준으로 움직이고 있었다. 복을 말하는 이들도, 율법을 말하는 이들도, 사랑을 말하는 이들도, 엘루아의 계시를 외치는 이들도, 인간을 신처럼 말하는 이들도 결국엔 모두 이 문장을 기초로 삼고 있었다.

모두가 내면의 법을 따라 심판을 이해했고, 그 법에 따라 의를 세웠으며, 그 법에 따라 죄를 판단했고, 각자의 방식과 체험으로 구원을 말하고 있었다. 그러나 아무도 변하지 않는 기준, 곧 영원한 진리에 대해서는 말하지 않았다.

외부에서 들어오는 절대 기준은 금지되었고, 절대적인 진리는 사르그의 중심에는 존재하지 않았다. 오직 자기 내면이 진리였고, 법이었고, 신의 음성이었다. 사람들은 모두 그 내면의 법을 기반으로 자기 안에 신을 만들고, 자기 안에 심판의 개념과 의의 개념과 죄의 개념을 새기고 있었다. 그리고 그들은 그것이 진리라고 여기고 있었다.

리안은 문득, 자신도 그 가운데 있었음을 느꼈다.

그는 용기 내어 엘루아의 석상을 올려다보았다. 높이 뜬 눈 말 없이 서 있는 석상. 그 석상은 아무것도 말하지 않았다. 문득, 리안의 마음 깊은 곳에서 한 문장이 떠올랐다.

"그렇다면 내가 태어나면서부터 기록된 내 안의 법, 그것이 진리란 말인가."

그는 그 자리에 한참을 서 있었다. 광장의 소음은 여전했지만, 그의 마음속에는 아주 깊은 울림이 퍼지고 있었다. 말할 수 없는 갈급함. 마치 사르그 전체가 목이 말라 있는데도 잠들어 있어서 아무도 갈증을 느끼지 못하는 가운데, 자신 혼자만이 목마른 상태로 깨어 있는 듯한 느낌이었다.

그는 다시 앞으로 걷기 시작했지만, 그의 마음은 여전히 그 문장 앞에 서 있었다.

그 문장은 선언이었다. 누군가의 주장이나 생각이 아니라, 모든 것을 결정하는 명령. 공중에 던져진 말이 아니라, 도시 전체에 인장처럼 찍힌 말이었다. 사르그는 그 문장을 따라 건설되었고, 그 원리 아래 작동하고 있었다.

이상하게도, 그 글씨는 단순히 '새겨졌다'는 표현으로는 부족했다. 그 문장은 살아 있는 것처럼 보였고, 더 정확히는 지금도 도시 곳곳에 계속 새겨지고 있는 것처럼 느껴졌다. 도시의 공기와 사람들의 말투, 제도와 기도의 언어 속에, 천천히 그러나 치밀하게, 조금도 멈춤 없이 그 문장은 사람들 안에 박히고 있었다.

리안의 등줄기를 따라 천천히 냉기가 흘렀다. 그는 자신을 돌아보았다. 혹시 내 안에도 이미 그것이 새겨진 지 오래된 것은 아닐까?

그는 나직이, 그러나 자신도 모르게 입을 열었다.

"정말 '네 내면의 법이 곧 너의 법'이라는 글귀가 점점 더 깊이 새겨지고 있는 거구나. 그래서 외부로부터 오는 어떤 것도 받아들이지 못하게 되는 거구나."

그 목소리는 스스로에게 하는 고백이었고, 동시에 무언가를 늦게 깨달은 자의 탄식이었다.

도시의 모든 구조는, 사람들의 내면에 이미 어떤 법이 기록된 듯했다. 누구의 손에 의해, 어떤 방식으로 진행되고 있는지는 알 수 없었지만, 그것은 분명히 일어나고 있었다.

그날도 사르그는 시끄러웠다. 거리에는 여전히 가르치는 자들과 듣는 자들, 외치는 소리와 고백하는 목소리가 뒤섞여 있었다. 그러나 그 모든 소음과는 달리, 리안의 내면은 말할 수 없는 무력감에 잠겨 있었다. 그는 어느 소리에도 마음을 열 수 없었고, 어느 주장에도 더 이상 반응하지 못하고 있었다.

하루를 메마름으로 정처없이 걷다가 광장을 지나 집으로 향하는 그의 발걸음은 마치 먼지에 덮인 수레처럼 느릿했다. 아무 생각도 들지 않았다. 아니, 생각할 수 없을 만큼 지쳐 있었다.

컴컴한 방에 들어섰을 때, 그는 문도 잠그지도 않은 채 그대로 침대 위로 쓰러졌다. 숨을 내쉴 때마다, 무언가가 천천히 빠져나가는 듯한 공허함이 밀려왔다. 말할 기운도, 기도할 힘도 남아 있지 않았다. 그는 눈을 감았다. 저항도 없었고, 기대도 없었다. 그렇게, 조용히, 무너진 채 꿈속으로 빠져들었다.

÷ ÷ ÷ ÷ ÷

그의 앞에는 낮고 짙은 검은 구름이 하늘 전체를 덮고 있었다. 거리와 건물, 공기의 냄새까지 분명히 사르그였지만, 어딘가 낯설고 불편한 기운이 감돌았다. 익숙해야 할 모습들이 조금씩 어긋나 있었고, 모든 것이 조용히 뒤틀려 있었다. 리안은 그 이상한 고요 속으로 천천히 발을 내디뎠다.

광장 중앙에 서있는 엘루아의 석상은 언제나처럼 높고 장엄하게, 모든 것을 내려다보는 듯한 위엄으로 침묵하고 있었다. 그러나 그 순간은 달랐다. 석상의 눈이 열려 있었다. 단단한 돌 속에 고정돼 있던 눈이, 마치 누군가의 숨결에 반응하듯 아주 천천히, 그러나 분명하게 깨어나기 시작했다.

처음엔 미세한 떨림이었다. 살아 있는 듯한 착각. 하지만 곧, 그 눈동자 안쪽에서 알 수 없는 섬광이 번져 나왔다. 그것은 빛이라기보다는, 어둠이 스스로를 빛처럼 위장한 어떤 것이었다. 인간의 눈빛이 아니었다. 어둠 속에서 빛을 빨아들이는 듯한, 깊고 끈적한, 짐승의 눈빛. 포식자의 시선. 위엄이 아닌 위협. 그것은 거룩한 눈처럼 보였지만, 사실은 안에 숨겨진 짐승의 본성이 그대로 나타난 눈이었다.

그 눈이 깜빡이는 순간, 공기가 갈라졌다. 광장 전체가 미세하게 떨렸고, 시간은 금이 간 유리처럼 삐걱거렸다. 하늘은 정적 속에 멈춰 있었지만, 그 정적은 오히려 어떤 균열의 전조처럼 느껴졌다. 리안은 숨을 들이켰다. 공기조차 낯설게 느껴졌다. 그것은 이미 인간의 도시가 아니었다.

그리고 그 입. 닫혀 있었던 석상의 입이 매우 느리게, 그러나 막을 수 없는 기세로 벌어지기 시작했다. 돌이 갈리는 소리도 없었다. 마치 오래전부터 정해진 시간에 따라 작동하듯, 조용히, 자연스럽게 열렸다. 그러나 그 입이 열리는 순간, 광장 아래에서부터 서늘하고 묵직한 기운이 피어올랐다. 땅에서 피어나는 냉기. 그것은 단순한 바람이 아니라, 존재를 관통하는 어떤 침투였다.

그때, 소리가 들려왔다. 저음의 낯선 언어. 사람이 말하는 언어가 아니었고, 귀로 듣기엔 너무 깊은 울림이었다. 의미를 가진 말이 아니라, 의미 이전의 힘이었다. 소리는 직접 들리지 않는데, 마음 깊은 곳이 저려 왔다. 그것은 마치 차가운 숨결처럼 스며들었고, 말로 설명하기도 전에, 생각할 틈도 없이 마음을 먼저 붙잡았다.

그 언어는 단어가 아니었다. 하나의 지시였고, 하나의 지배였으며, 저항을 할 수없게 만드는 선언이었다.

그 소리는 뱀의 숨결처럼 서늘하고, 끈적하고, 미끄럽게 광장 전체를 휘감으며 뿜어져 나왔다.

"내 이름을 네 내면에 새기리라."

그 소리는 수천 개의 언어가 동시에 울리는 듯했고, 듣는 이마다 각기 자신이 원하는 방식으로 해석되는 것 같았다. 어떤 이는 그것을 위로로, 어떤 이는 계시로, 또 어떤 이는 명령으로 받아들였다. 사람들은 그 소리에 환호하며 무릎을 꿇었고, 손을 들고 외쳤다.

"엘루아여, 당신과 같은 분이 어디 있나이까!"

그 외침은 돌바닥을 울렸고, 광장을 뒤덮은 웅성임은 하나의 찬송처럼 일렁였다. 그때, 엘루아의 석상이 갑작스레 묘하게 숨을 들이쉬는 것처럼 보였고, 석상의 입 안 어두운 틈 속에서 어두운 선들이 스멀스멀 피어오르기 시작했다.

검은 실선 세 가닥이 석상의 입에서 천천히 뻗어나왔다. 마치 뱀처럼 꿈틀거리며 허공을 가르더니, 각각 석상 앞에서 설교하던 세 사람에게로 향했다.

가장 왼편에서는 파스토가 군중을 향해 열정적으로 외치고 있었다. "거룩함은 철저한 삶에서 옵니다! 죄와 구별된 삶이 없으면 구원도 없습니다!" 그의 말은 규율과 기준으로 가득 차 있었고, 사람들은 조용히 고개를 끄덕이고 있었다.

중앙에서는 앵젤로가 감격에 찬 눈으로 두 팔을 벌리고 있었다. "엘루아는 지금도 말씀하십니다! 여러분 안에서, 이 순간에도 감동으로 임하고 계십니다!" 그의 말은 감정에 강하게 호소했고, 이에 몇몇은 눈물을 훔치고 있었다.

오른편에는 골든이 부드러운 미소를 머금은 채 선언했다. "믿기만 하십시오! 그분은 여러분을 번영으로 이끄실 것입니다! 복은 이미 여러분의 것입니다!" 그의 말은 희망으로 포장된 약속처럼 사람들의 마음을 차분하게 사로잡고 있었다.

그때였다. 석상의 입에서 나온 검은 실선 세 가닥이 뱀처럼 허공을 가르며 천천히 뻗어나가더니, 바로 그 세 사람, 곧 파스토, 앵젤로, 골든의 머리 뒤편에 닿았다. 그 순간, 세 사람의 몸이 동시에 굳어졌다.

그들의 눈빛은 서서히 변하기 시작했다. 흐릿한 윤광이 감돌더니, 이내 검고도 유리 같은 광택으로 덮였고, 그들의 눈은 무언가를 '보고 있다'기보다, 무언가를 '비추고 있는' 듯한 감각을 주었다. 그들은 사람을 바라보고 있지 않았다. 그들 안에서 다른 무언가가, 그들을 통해 바깥을 응시하고 있었다.

입술은 움직이지 않았으나, 마치 석상 안의 음성이 그들 안으로 주입되어 입 밖으로 흘러나오는 듯한 말들이 이어졌다. 그들은 자신들의 의지로 말하는 것이 아니라, 엘루아의 석상에서 흘러나온 소리를 인간의 음성으로 전달하는 도구처럼 보였다.

파스토가 먼저 외쳤다.

"회개하십시오! 죄는 여러분 안에 있는 법에 따라 정죄될 것이며, 그 법의 의를 온전히 이루면 엘루아의 나라에 들어가게 될 것입니다. 진리를 아는 것이 중요한 것이 아니라, 율법을 살아내는 것이 더욱 중요합니다. 외부에서 들어오는 진리를 거부하고, 내부에 있는 자신의 법에 온전히 귀를 기울이십시오!"

파스토는 율법주의자였다. 그는 죄를 양심의 가책이나 도덕적 의식으로만 정의했고, 진리는 행위로 대체되었다. 그의 회개에는 스스로 느낀 죄책감에 대한 반성과 후회는 있었지만, 그가 세운 내면의 법은 오히려 더욱 강하게 세워지고 있었다. 그에게 있어 중요한 것은 하늘의 진리를 아는 것이 아니라, 자신의 양심 속에 새긴 법을 지키는 일이었다.

이어서 앵젤로가 설교를 이어갔다.

"사랑하십시오! 그것이 곧 의롭게 되는 길입니다. 진리를 아는 것보다 중요한 것은 사람들을 사랑하고, 선하게 살아가는 일입니다. 세상을 사랑하십시오. 그렇게 하실 때에야 비로소 엘루아의 사랑이 여러분 안에서 온전히 이루어질 것입니다. 엘루아를 사랑한다는 증거는 진리에 대한 지식이 아니라, 헌신적인 사랑의 삶에 있습니다. 여러분의 의로움은 바로 그 사랑에서 드러날 것입니다."

앵젤로는 인본주의자였다. 그의 신조는 사람들의 진리의 기준으로 죄를 드러내기보다, 사랑으로 덮어주는 것이었다. 그는 진리를 대적하는 죄를 책망하기보다 세상의 상처 입은 이들을 감싸는 것을 하늘의 진리라 여겼다. 그러나 그의 사상 속에서 하늘의 진리를 통한 보호는 점점 사라지고, 그 자리를 사람의 감정과 포용이 대신하게 되었다. 그의 말에는 위로가 있었지만, 삶을 뿌리째 바꾸는 진짜 변화는 일어나지 않았다.

마지막으로 골든이 쉼 없이 외쳐댔다.

"진리가 중요한 것이 아닙니다. 중요한 것은 의심하지 않고 믿는 것입니다! 그렇게 믿기만 하면 땅의 기름진 복과 하늘의 풍성한 복이 여러분에게 임하게 될 것입니다. 긍정적 태도가 곧 믿음이며, 마음에 확신이 없으면 구원을 얻을 수 없습니다. 엘루아는 여러분을 위해 존재하는 분이시며, 여러분이 원하는 것을 의심 없이 믿기만 하시면 반드시 그것을 얻게 되실 것입니다. 그러니 여러분의 마음에 바라는 것을 항상 그리십시오. 그러면 반드시 성취될 것입니다!"

골든은 기복주의자였다. 그는 복을 모든 판단의 기준으로 삼았고, 믿음은 그것을 얻기 위한 도구로 여겼다. 그의 믿음은 하늘의 진리에 뿌리내린 신뢰가 아니라, 긍정적인 생각을 유지하는 태도에 가까웠다. 신은 그에게 있어 경외와 순종의 대상이 아니라, 성공과 물질을 공급해주는 수단에 불과했다. 골든에게 중요한 것은 하늘의 진리를 아는 것이 아니라, 어떤 상황에서도 의심하지 않고 믿는 것이었다. 그 믿음이 현실을 변화시키고, 원하는 복을 끌어오게 만든다고 그는 확신했다.

세 설교자의 말이 끝날 때마다 사람들은 황홀한 표정으로 경배했다. 그들의 찬송은 더 이상 각자의 입에서 흘러나오는 소리가 아니었다. 마치 하나의 입, 하나의 생각, 하나의 마음에서 동시에 울려 나오는 찬양처럼 느껴졌다. 각기 다른 장소에 흩어져 있었지만, 그들의 음성은 하나의 거대한 의식처럼, 정확히 맞물린 합창으로 퍼져나갔다.

겉으로 보기에는 모두가 감동하고 하나가 된 것처럼 보였지만, 그 순간 보이지 않는 곳에서는 전혀 다른 일들이 일어나고 있었다.

눈이 열린 자들만이 볼 수 있는 진실이 있었다. 설교를 듣고 있는 모든 사람들의 마음 중심, 가장 깊은 자리에 있는 보좌에는 '내면의 법'이 왕처럼 앉아 있었다. 모든 사람은 자신도 모르게 그 보이지 않는 법의 통치 아래 있었다. 그 법의 기준에 따라 옳고 그름을 판단하고, 의와 죄를 규정하며, 회개하고, 구원을 기대하고 있었다.

그 순간, 석상에서 뻗어나간 검은 실선들은 단순한 연결끈이 아니었다. 설교자의 음성과 함께 미세하게 떨리며, 보이지 않는 광선처럼 지지자들의 마음판 위에 끊임없이 무언가를 새기고 있었다. 설교가 계속될수록 그 광선은 점점 더 강하게 작용했고, 처음엔 흐릿했던 글자들이 점차 뚜렷하고 깊게 새겨져 갔다.

파스토의 설교를 따르는 자들의 마음에는 '법의 엘루아'라는 문장이, 앵젤로를 지지한 자들에겐 '사랑의 엘루아'라는 이름이, 골든의 설교를 따르는 무리에게는 '복의 엘루아'라는 문장이 각기 새겨졌다. 이 이름들은 설교를 들으면 들을 수록 더욱 깊고 강하게 각인되었고, 마침내는 지워지지 않을 듯 그들의 존재 중심에 새겨졌다.

이 이름들은 단순한 수식이 아니었다. 그것은 각자의 내면의 법이 누구의 이름 아래에서 움직이고 있는지를 보여주는 표식이었고, 설교가 이어지는 동안 실선은 그 이름은 더 깊숙이 파고들고 있었다.

세 무리는 서로 다른 길을 걷는 듯 보였지만, 그들의 마음 중심에는 동일한 법, 곧 내면의 법이 왕좌에 앉아 있었다. 그리고 그 위에 각기 다른 엘루아의 이름이 덧붙여졌다. 법의 엘루아, 사랑의 엘루아, 복의 엘루아. 이름은 달랐지만, 그 자리에 앉은 존재는 하나였다. 진리의 이름이 아닌, 사람의 내면의 법을 기준으로 만들어낸 신의 형상이었다.

그 설교들은 겉보기에는 신을 말하고 진리를 따르는 것처럼 보였지만, 실제로는 진리를 흉내 낸 것이었다. 하늘의 율법처럼 보였지만, 사실은 그것을 교묘하게 모방해 만들어낸 또 다른 법이었다. 그들은 거룩과 사랑, 믿음을 말했지만, 그 중심에는 신이 아니라 사람이 있었다. 사람의 감정, 위로, 생각이 중심이었고, 그것을 진리인 것처럼 포장해 전한 것이었다.

그들의 말들은 사람들 안에 이미 자리한 내면의 법을 무너뜨리지 않았다. 오히려 그것을 더욱 정당화하고 강화하고 있었다. 그 법을 따라 사는 것이 곧 거룩이라 했고, 그 법에 따라 사람을 사랑하면 의롭다고 했으며, 타인에게 상처를 주면 죄라고 가르쳤다. 이미 그 법 안에 있기 때문에 더 이상 그것을 의심하거나 돌아볼 필요 없이 믿기만 하면 복이 임한다고도 했다.

이처럼 그들이 말한 '심판'은 하늘의 진리와는 다른 별개의 것이었다. 그것은 말씀에 근거한 판단이 아니라, 각자의 내면에 형성된 기준에 따라 스스로 정한 선악의 구분이었다. 마찬가지로 '의' 역시 하늘의 기준이 아니라, 자신이 세운 도덕과 행위에 따라 타인을 정죄하지 않고 선하게 살아가는 태도로 정의되었다. '죄' 또한 말씀에 비추어 분별된 것이 아니라, 양심의 가책이나 감정, 혹은 환경에 따라 상대적으로 규정되었고, '믿음'은 진리에 대한 절대적 신뢰가 아니라 자기 확신과 긍정의 힘으로 이해되었다. 그리고 그 확신이야말로 복을 끌어오고 구원을 이루는 열쇠라고 가르쳐졌다.

사람들은 그 말들에 환호했다. 설교가 울려 퍼질 때마다, 이미 내면의 법이 왕좌에 앉아 통치하고 있는 그들의 마음 위에는 각자가 추종하는 엘루아의 이름이 덧붙여졌다. 파스토를 따르는 자들에겐 '법의 엘루아', 앤젤로를 따르는 자들에겐 '사랑의 엘루아', 골든을 따르는 자들에겐 '복의 엘루아'가 새겨졌고, 설교를 들으면 들을수록 그 이름은 사람들의 마음속에 더욱 깊이 각인되어 갔다. 그것은 외적인 장식이 아니라, 그들의 존재 깊숙한 곳에 새겨진 신의 이름이었다.

그들은 더 이상 진리를 향한 갈망으로 하나 된 무리가 아니었다. 오히려 자신을 위한 정의와 사랑, 복을 좇는 열망이 그들을 하나로 묶고 있었다.

"네 내면의 법이 곧 너의 법이다."

이 글귀는 이미 왕좌를 차지하고 있는 내면의 법을 둘러싸고 호위하고 있었다. 다른 외부의 것들이 들어오지 못하도록, 외부의 진리가 다가오지 못하도록, 그 법을 지키고 있었다. 마치 마음 가장 깊은 자리에 있는 그 법이, 자신을 지키기 위해 세운 경고문처럼, 그 글귀는 불처럼 타오르며 그 자리를 둘러싸고 있었다.

÷ ÷ ÷ ÷ ÷

그러던 중, 갑자기 리안은 다른 장면을 보게 되었다. 자신이 마치 높고 먼 곳에서 아래를 내려다보는 것 같았고, 사르그 왕국이 한눈에 들어왔다. 수많은 무리들이 모여 있었고, 그들의 마음판에는 하나같이 내면의 법이 왕좌를 차지하고 통치하고 있었다. 그리고 그 내면의 법 위에는 각기 그들이 따르는 엘루아의 이름이 적혀 있었다. '법의 엘루아', '의의 엘루아', '복의 엘루아'. 사람들은 자신이 들은 설교를 따라 그것을 자랑스러워했고, 그 안에 기꺼이 머물고 있었다.

그러나 그들 가운데, 리안은 다른 한 사람을 보았다. 그의 마음에도 다른 이들과 마찬가지로 내면의 법이 왕좌에 앉아 통치하고 있었지만, 그 위에 새겨지던 이름들은 모두 또렷하게 자리 잡지 못하고 있었다.

'복의 엘루아'라는 문장은 잠시 쓰여지다가 이내 흐려졌고, '사랑의 엘루아'라는 이름도 잠깐 쓰여졌지만 이내 사라졌으며, '법의 엘루아'라는 글자 또한 뿌연 그림자처럼 희미해졌다.

그의 내면에는 여전히 '내면의 법'이 중심에 있었지만, 그 위에는 아직 어떤 엘루아의 이름도 깊이 새겨지지 않았다. 그래서 그는 마치 아무것도 믿지 않거나, 아직 무엇을 따를지 기다리고 있는 사람처럼 보였다.

리안은 그 모습을 보며 자신의 모습을 보는 것 같다는 생각이 들었다.

확신 없이 흔들리는 그 마음, 어디에도 뿌리내리지 못하고 질문만 남아 있는 그 자리가, 마치 현재 자기 자신의 내면을 비추는 거울 같았다.

그리고 마침내, 그 사람의 왕좌 위에 새겨진 것은 이름이 아니었다. 그것은 하나의 물음표였다. 말로 설명할 수 없는 갈급함, 어떤 이름도 확신하지 못한 채 질문만 가득한 그 자리.

리안은 문득 경전에 등장했던 사마리아 여인이 생각났다. 우물가에서 '참된 예배가 무엇이냐'고 묻던 그녀의 갈급한 시선, 그것은 바로 지금 이 사람의 마음을 그대로 보여주고 있는 듯했다.

흔들리고 있었지만, 그 흔들림은 어쩌면 어떤 이름도 쉽게 받아들이지 않으려는 진지한 내면의 저항이었고, 아직 지워지지 않은 질문 하나가 그를 붙들고 있는 듯했다.

÷ ÷ ÷ ÷ ÷

그때였다. 저 먼 곳, 사르그 왕국의 먼 곳으로부터 강렬한 빛이 떠오르더니 사르그 왕국을 향하여 섬광처럼 날아들었다. 그 빛이 감싸고 있던 형체는 하나의 씨앗처럼 생겼고, 강력한 생명의 기운을 머금고 있었다. 그 씨앗처럼 생긴 형체는 빛처럼 보였고, 동시에 진리처럼 보였다. 빛에 감싸인 씨앗의 형체는 사르그로 날아들었으며, 사르그 광장에 모인 사람들의 마음 위로 떨어지기 시작했다.

가장 먼저 파스토를 따르는 무리의 마음에 씨앗이 떨어졌다. 그러나 그들의 마음은 길가밭 같았다. 이미 단단히 닫혀 있었고, 씨앗은 닿자마자 튕겨 나갔다. 곧 검은 새 떼들이 몰려와 그것을 모두 쪼아먹었다. 아무것도 남지 않았다.

다음은 앵젤로를 따르는 무리였다. 그들의 마음은 돌짝밭 같았다. 씨앗은 떨어졌고, 그들은 잠시 기뻐했으나, 뿌리를 내릴 수 없었다. 감정은 있었지만 깊이는 없었고, 돌 밑에 감춰진 완고함이 그것을 금세 시들게 만들었다.

그 다음은 골든을 따르는 무리들에게 떨어졌다. 골든의 무리는 가시밭과 같았다. 씨앗은 뿌려졌고, 잠시 그곳에서 자라는 듯했으나, 그 마음 안에 있던 탐욕과 자기 욕망의 가시들이 점점 자라 씨앗을 질식시켰다. 싹은 꺾였고, 열매는 맺지 못했다.

그러나 어디에도 마음을 두지 못하고 갈급해하며 엘루아가 새겨져 있어야 할 자리에 물음표만 새겨진 자의 마음에 떨어진 씨앗은 달랐다. 그 씨앗은 엘루아가 새겨져 있어야 할 그 자리에 떨어졌다.

그러자 그에게 이상한 반응이 일어나는 듯 보였다. 생명의 씨앗이 그 자리에 떨어지자, 그는 깜짝 놀라듯 숨을 멈추었다. 그리고 그 순간, 그의 내면의 법이 앉아 있던 보좌 위, 엘루아의 이름이 새겨져 있어야 할 그 자리에, 그 씨앗이 조용히 파고들더니 마치 그곳에 스며들듯 묻혔다.

그 자리에 곧 '진리'라는 단어가 새겨졌다. 그 진리는 지금껏 그가 한 번도 맡아본 적 없는 하늘의 향기를 내뿜고 있었고, 그는 그 향기에 매혹된 듯, 마치 사랑에 빠진 사람처럼 그 향기를 따라 마음을 빼앗기는 듯 보였다.

그러나 그 향기는 오래 머물 수 없었다. 그의 마음 깊은 곳에 자리한 내면의 법이 강하게 반발하기 시작했다. 그 향기를 뿜어내던 진리를 마치 이방인처럼 밀어내려는 듯했다.

그는 그 순간, 자신의 내면 안에서 거센 갈등에 휩싸인 전사처럼 보였다. 한쪽에서는 진리의 향기에 사로잡혀 그것을 붙잡고 싶어 했고, 다른 한쪽에서는 오랫동안 자신의 마음을 지배해 온 내면의 법이 그 진리를 거부하고 있었다.

그 싸움은 잠시 멈추는 듯하다가도 다시 불붙었고, 그의 눈빛과 숨결 속에서 치열한 내면의 전쟁이 일어나고 있었다. 그러나 시간이 흐를수록, 그는 그 향기에 대한 사랑을 더욱 깊이 느끼는 듯 보였다.

결국 그는 결단한 것 같았다. 그 향기를 방해하고 밀어내려 했던 내면의 법을 등지고, 그 향기를 따라가기로 작정한 듯 보였다. 그리고 그는 마침내, 그 향기를 내뿜던 진리와 하나 되기 위해, 그 씨앗이 날아온 곳을 향하여 사르그를 떠나는 모습을 보였다.

그러나 리안은 그가 사르그를 떠났음에도 끝까지 눈을 떼지 못했다. 떠났다고 해서 모든 것이 끝난 것 같지는 않았다. 오히려 그의 내면에서는 이전보다 더 강한 싸움이 일어나는 듯했다. 진리를 밀어내려는 내면의 법은 더욱 거세게 저항하고 있었고, 그와 동시에 진리를 향한 갈망도 점점 더 깊어지고 있는 것처럼 보였다.

리안이 보기에는, 그는 여전히 내면에서 치열한 전쟁을 치르고 있었다. 한편으로는 향기에 이끌려 점점 더 사랑에 빠지는 것 같았고, 다른 한편으로는 그것을 거부하려는 힘이 아직도 완전히 사라지지 않은 것처럼 느껴졌다.

그 싸움은 여전히 끝나지 않은 듯 보였다. 그러나 리안은 어느 순간, 그 향기가 그를 결코 놓지 않을 것이라는 마음이 들었다. 그의 내면의 법은 여전히 강했지만, 그 향기는 더 깊고 더 높고, 더 넓게, 그리고 더 진하게 퍼지고 있었다.

그래서 리안은 생각했다. 언젠가 그 향기가 그의 내면의 법을 무너뜨리고, 진리가 그의 중심을 완전히 차지하게 될지도 모른다고 믿었다. 그는 그 장면을 끝까지 바라보지 않을 수 없었다.

그러나 사르그에서 그런 사람은 거의 없었다. 수많은 무리 가운데, 마음 위에 물음표를 가진 이들은 손에 꼽을 만큼 적었다. 그들은 군중 속에 섞여 있었지만, 눈빛이 달랐고, 마음속에 자리한 질문이 그들을 조용히 구별되게 만들고 있었다.

마음에 물음표가 있는 사람들에게 떨어진 씨앗은 눈에 띄는 변화 없이 조용히 작용했다. 겉으로는 아무 일도 일어나지 않는 것처럼 보였지만, 리안은 분명히 그 씨앗이 들어간 자리에서 퍼지는 향기가 그의 마음을 사랑으로 흔들고 있는 것을 보았다.

그리고 그 향기에 사랑에 빠진 사람은 누구나 결국 그 씨앗이 날아온 방향을 향해 걷기 시작하는 것을 알 수 있었다. 그들은 더 이상 사르그 왕국에 머무를 수 없었고, 마침내 빛이 날아온 먼 방향을 따라 발걸음을 옮기고 있었다.

리안은 그 자리에 선 채 숨을 멈추고 그 광경을 바라보았다. 마치 이 모든 흐름에서 자신만 시간 밖에 떨어진 듯, 군중의 중심 한복판에서 조용한 침묵 속에 서 있었다. 그러나 그의 내면은 결코 고요하지 않았다. 가슴속에서는 심장이 요동쳤다. 차가운 한기가 척추를 따라 타고 올라왔고, 손끝은 얼어붙은 듯했으며, 무릎은 점점 힘을 잃어가고 있었다.

광장에서 울려 퍼지는 찬송과 환호, 그리고 그들 머리 위에 지배하듯 떠 있는 검은 실선의 장면은 리안의 눈앞에 너무도 선명하게 맺혀 있었기에, 오히려 현실감이 사라지는 듯했다. 그는 공포와 전율 속에서 몸을 굳힌 채, 발끝 하나 움직이지 못한 채 떨고 있었다. 이곳에 속할 수 없다는 감각, 그러나 이곳을 떠날 수도 없다는 현실이 그를 짓눌렀다.

리안의 시선은 다시 광장 전체를 향했다. 수많은 사람들이 무릎을 꿇고 있었다. 손을 들고, 환호하며, 눈물을 흘리며, 어떤 이는 쓰러져 있었고, 어떤 이는 떨고 있었다. 모두가 감동했고, 모두가 응답했고, 모두가 무언가를 받았다고 믿고 있었다. 세 설교자의 말은 사람들의 마음을 휘어잡았고, 그 말들은 진리를 모방한 형상을 하고 있었다.

진리를 모방한 형상은 아주 부드러웠고, 모든 것을 수용할 수 있을 만큼 포용적이었으며, 꿀보다 더 달콤했다. 그러나 그 기준은 감정에 따라 변형되었고, 법은 고정된 절대성이 아닌 유동적인 판단으로 움직였다. 그리고 '진리'라는 이름으로 내세운 것들은 사실상 사람의 생각으로 가득 찬 봉지에 불과했다.

그들이 부르고 있는 엘루아는 참신이 아니라, 인간의 내면이 만들어 낸 우상이었다. 그들의 설교는 하늘의 진리가 들어오지 못하도록 정교하게 엮인 철조망이었고, 사람들의 마음을 묶고 있었다.

그 순간, 리안은 숨을 몰아쉬었다. 차오르는 충격과 고통, 갈급함과 분노가 한꺼번에 폭발하듯 일어나 외쳤다.

"아니야! 이건 진리가 아니야! 이것은 진리의 모양을 한 거짓이야! 이것은 진리가 아니라, 진리를 거절하게 만드는 구조야!"

리안의 외침이 울려 퍼지자, 석상 안에서 이상한 소리가 퍼져 나왔다. 바람도 아니고 목소리도 아닌데, 강한 힘처럼 느껴졌다. 그 소리는 짐승의 숨소리처럼 무겁게 도시 전체로 번져 갔다.

"누구든 이 종교 체계에서 벗어난 자들, 곧 나에게 경배하지 않는 자는 남녀노소를 막론하고 모두 죽이라."

그 음성은 단지 외침이 아니었다. 그것은 명령처럼 들렸고,

체제를 넘어선 집행 선언처럼 느껴졌다. 광장 전체가 숨을 멈춘 듯 정적이 흘렀고, 리안의 등줄기를 따라 싸늘한 기운이 흘러내렸다.

"그리고 이 말을 받지 않는 자는 어떤 것도 사고팔지 못하게 하라."

그 명령이 공중을 가르며 선포되자, 리안의 머릿속에는 섬광처럼 스쳐 지나간 장면들이 떠올랐다. 가게 앞에서 물러나야 했던 사람, 일터에서 퇴출당한 이, 계약이 끊기고 입학이 거절되며, 사회 안에서 '이름 없는 자'로 지워져 가는 자들.

'사고팔 수 없다'는 말은 단지 거래의 금지가 아니라는 생각이 분명해졌다.

그 말은 단순한 경제적 제약을 넘어, 존재 자체가 사회 질서 안에서 삭제된다는 뜻처럼 느껴졌다.

먹을 수 없고, 속할 수 없고, 인정받을 수 없는 자, 곧 그 말은 살아 있으나 이 도시에 존재할 수 없는 자가 되는 것이었다.

이것은 단지 개인의 실패나 불이익이 아니라, 진리를 붙든 자가 사회 전체로부터 밀려나는 구조처럼 보였다.

리안은 점점 더 또렷한 확신이 일어나는 것을 느꼈다.

이것은 어느 한 시기의 우연한 현상이 아니라, 도시 전체가 그렇게 작동하고 있다는 사실을 보여주는 단면처럼 보였다.

사람들은 겉으론 자유를 말하고, 다양성과 포용을 외치고 있었지만, 실제로는 진리를 따르는 자만이 소외되고 있었다.

그리고 그 소외는 단지 외면이나 냉대가 아니라, 체계적인 제거, 조용한 삭제로 나타나고 있었다.

그제야 리안은 깨달았다.

이 모든 것은 단순한 핍박이 아니라, 하늘의 진리를 차단하도록 설계된 구조 자체였다는 것을.

'죽이라', '사고팔지 못하게 하라'는 말은 폭력적인 외침이 아니라, 이미 그 체계 속에서 조용히 실행되고 있는 현실이었다.

지금은 칼이 없고, 감옥이 없고, 재판도 없지만, 그 구조는 하늘의 기준을 기준 삼은 자들을 조용히 사라지게 만드는 방식으로 작동하고 있었다.

'경배하지 않는 자는 죽이라. 이 말을 받지 않는 자는 사고팔지 못하게 하라.'

리안은 그 문장이 단지 미래의 위협만은 아니라는 강한 확신이 들었다. 경전은 마지막 때, 용이 자기 감옥에서 풀려나고 이 세상에 등장하는 그날, 곧 다가올 미래에 이 명령이 더욱 분명하고 강력하게 실현될 것이라 예언했다. 하지만 리안은 지금 이 시대, 이 순간에도 이 구조가 이미 조용히 작동하고 있다는 느낌을 지울 수 없었다. 모든 것이 허용된 듯 보이는 화평의 시대라고 말하지만, 실제로는 하늘의 진리를 따르지 않는 자만이 살아남을 수 있는 구조가 이 세상에 이미 완성되어 가고 있다는 인식이 가슴 깊이 자리 잡았다.

지금은 칼과 총이 등장하지 않는다. 핍박은 소리 없이 찾아오고, 거절은 법이 아니라 분위기로, 칼날이 아니라 체계로 작동하고 있었다. 누구도 직접적으로 "죽이라"고 말하지 않지만, 하늘의 진리를 품은 자는 일터에서 배제되고, 교육에서 소외되고, 사회 시스템 안에서 밀려나 '존재할 수 없는 자'로 취급받는다는 것이 리안의 마음속에 선명히 다가왔다. 진리는 존중되지 않고, 복음은 '불편한 소리'가 되었으며, 그 소리를 계속 말하는 자는 조용히 사라지거나 미친 사람처럼 취급된다는 생각이 떠오르고 있었다.

그러나 리안은 그것이 단순한 흐름이나 시대적 경향이 아니라, 누군가의 설계에 의해 작동되는 구조일지도 모른다는 확신이 들었다. 하늘의 진리를 밀어내기 위해, 하늘의 기쁜 소식을 듣지 못하게 하기 위해, 도시 전체가 그렇게 건축되어 있다는 직감이 뇌리를 스쳤다. 그리고 그 설계는 단지 지금만이 아니라, 창조 이후 지금까지 변형과 진화를 거쳐 지속되어 온 흐름이라는 인식이 깊어졌다. 짐승은 시대를 바꾸고, 언어를 바꾸고, 형식을 바꾸어가며 계속해서 하늘의 진리를 대적해왔고, 오늘날까지 이른 것이 아닐까 하는 두려움 섞인 통찰이 마음속에서 자리 잡았다.

리안은 그 체제가 얼마나 정교하고 치밀하게 작동하고 있는지, 그리고 그것이 앞으로 더 강력한 형태로 드러날 것을 감지했다. 아직은 전면전까지는 아니었다. 아직은 칼이 들려지지 않았다. 그러나 언젠가 하늘의 뜻에 따라 감옥에서 풀려날 용이 직접 등장하게 되면, 지금까지 은밀했던 구조는 가시화될 것이라는 두려운 예감이 밀려왔다. 그때가 되면 칼과 감옥, 죽임과 공개적 박해가 실제가 될 것이라는 확신이 들었다. 하지만 그날이 오기 전까지도, 이 체계는 멈추지 않을 것이라는 확신이 리안의 마음 깊은 곳에서 솟구쳤다. 지금도 진리를 말하는 자들은 침묵당하고, 차단되고, 배제되고 있다는 느낌이 사라지지 않았다.

그래서 하늘의 진리를 따르기로 결단한 자들은 사르그를 떠나야 했다는 것이 자연스럽게 이해되었다. 도시 안에서는 살 수 없었고, 경제적 활동은 차단되었으며, 사회적 기회는 제거되었고, 생존 기반은 송두리째 흔들리고 있었다. 그들은 말없이 떠났고, 조용히 광야로 옮겨갔다. 그리고 그곳에서 하늘의 보호 아래, 하늘의 기쁜 소식을 따르며 살아가고 있다는 사실이 마음에 떠올랐다.

이것은 단지 '박해'가 아니라는 깨달음이 왔다. 그것은 구조였다. 하늘의 진리를 제거하는 방식으로 도시를 설계하고, 그 위에 종교와 시스템을 세우는 정교한 방식이라는 생각이 점점 분명해졌다. 사람들은 선택의 자유를 말했지만, 실제로는 진리를 선택하면 생존을 포기해야 한다는 냉혹한 진실이 내면에서 고개를 들었다. 그 체계는 그렇게 하늘의 진리를 사랑하는 자들을 밀어내고 있었고, 리안은 그 사실을 마음으로 확신하고 있었다.

그러던 중 리안은 몸을 세차게 일으키며 숨을 몰아쉬었다. 식은땀이 온몸을 적셨고, 어깨는 떨리고 있었다. 꿈이었다. 그러나 단순한 꿈이라고 말하기엔 너무도 선명하고 무서운 장면들이었다. 그는 그 안에서 무언가 끊어질 듯한 한계를 느꼈고, 진리를 사랑하는 자들이 겪는 공포가 가슴 깊이 내려앉아 있었다. 꿈은 끝났지만, 그 느낌은 아직도 현실처럼 남아 있었다.

그리고 문득 리안은 꿈속에서 들은 한마디 말을 떠올렸다.

"내 이름을 네 내면에 새기리라."

그 말은 단순한 외침이 아니었다. 그것은 강압적인 설계처럼 느껴졌다. 진리를 따라 살 수 없도록, 거짓 이름이 사람들의 내면에 새겨지는 구조. 그 구조는 처음부터 마지막까지 그렇게 작동하고 있었던 것처럼 보였다.

리안은 깨달았다. 지금은 칼이 들려지지 않지만, 구조는 이미 작동하고 있었다. 지금은 전쟁이 일어나지 않지만, 침묵 속에서 진리는 조용히 밀려나고 있었다. 지금은 모두가 자유를 말하고 있지만, 진리를 따르는 자는 점점 자유를 잃어가고 있었다.

그러나 그는 동시에 확신했다. 짐승은 강하지만 하늘은 더 강하시다. 짐승은 소리치지만 하늘은 숨기신다. 그리고 하늘의 진리를 찾는 자는 반드시 찾게 된다는 희망이 마음속에서 솟구쳤다. 지금도 누군가는 광야로 나아가고 있었고, 그곳에서 하늘의 기쁜 소식을 따라 살아가고 있다는 믿음이 그의 내면을 지탱하고 있었다.

그래서 리안은 알게 되었다. 이 구조는 단지 먼 미래에 나타날 종말의 한 장면이 아니라, 지금 이 순간에도 조용히 흘러가고 있는 오늘의 현실이라는 것을. 마지막 때는 그것이 드러날 뿐, 이 체계는 이미 우리 곁에서 멈추지 않고 작동하고 있었다는 사실을 그는 마음 깊이 받아들이고 있었다.

제 6 장

견고한 종교체계 위에 세워진 사르그

아침이 되자, 리안은 천천히 눈을 떴다. 방 안은 희미한 햇빛으로 채워져 있었고, 밤의 흔적은 사라진 듯 보였다. 그러나 그의 안에는 여전히 무언가가 남아 있었다. 꿈은 지나갔지만, 그 안에서 본 것들은 현실처럼 마음속에 박혀 있었다.

그는 침대에서 천천히 몸을 일으켰다. 폐는 마치 짓눌린 듯 무거웠다. 옷을 갈아입는 동안에도 머릿속은 어지럽게 돌아갔다. "내 이름을 네 내면에 새기리라." 그 말은 아직도 뇌의 어딘가에서 낮은 메아리처럼 반복되고 있었다.

그렇다면 도대체 이 도시는 어떻게 시작된 것인가.

리안은 이 도시가 어떻게 세워졌는지를 알고 싶었다. 꿈 속에서 광장의 중심, 짐승의 형상이 입을 열고 외쳤다. "경배하지 않는 자는 죽이라. 이 말을 받지 않는 자는 사고팔지 못하게 하라." 사람들의 마음에 각자가 지향하는 엘루아의 이름들이 새겨졌고, 그들은 기쁨으로 고개를 끄덕이며 줄을 섰다. 그것은 꿈이었지만, 도시에 뿌리 내리고 있는 무언가가 그 장면과 정확히 겹쳐졌다.

겉으로는 자유를 말하지만, 실제로는 진리를 밀어내도록 유도하는 질서가 작동하고 있었다. 감정과 은혜라는 언어로 사람들의 마음을 일시적으로 채우면서도, 진리의 씨앗이 뿌리내리는 것을 막고 있었다. 리안은 이 모든 흐름이 결코 우연이 아니라는 사실을 느꼈다. 누군가가 분명히 이 방향을 정했고, 그 의도가 도시 전체에 숨결처럼 스며들도록 설계했다는 것을 직감했다.

그렇다면 처음은 어디였을까. 누가 이 길을 시작했으며, 어떤 말로 사람들을 끌어당겼을까. 리안은 자신도 모르게 그 질문을 되뇌었다. 어쩌면 시작은 하늘을 위한다고 말하며 출발했을지도 모른다. 그러나 언젠가부터 사람의 손에 권세가 넘어가고, 진리는 다루기 쉬운 체계로 변형되었으며, 하늘의 진리는 해석의 권위 아래 눌리기 시작했을 수도 있다. 사람들은 그 구조를 질서라 부르고, 안정이라 믿으며 살아가고 있었지만, 정작 그 안에서는 생명이 자라고 있는지 확신할 수 없었다.

이 체제는 정말로 하늘의 진리를 따르고 있는 것일까에 대해 강한 의혹이 들었다. 혹시 고요한 얼굴로 사람들을 안심시키면서 진리를 조용히 비켜 가게 만드는 것은 아닐까. 하늘의 신의 이름은 남아 있고, 기도와 예배, 봉사와 헌신도 계속되고 있지만, 그 중심에 신의 본질은 없어진 것은 아닐까. 만약 사람들 스스로도 자신이 무엇을 따르고 있는지 모른 채 그 흐름에 젖어 들고 있다면, 언젠가는 그 흐름 자체를 진리라고 부르게 되는 것은 아닐까.

그래서 리안은 반드시 확인하고 싶었다. 이 도시가 처음 어떤 이름으로 시작되었는지, 어떤 선언과 함께 그 기초를 세웠는지, 그리고 지금도 그 흐름이 어떻게 사람들의 내면에 천천히 새겨지고 있는지를 명확하게 알고 싶었다. 단지 구조를 아는 것이 아니라, 그 구조가 어떤 정신으로 사람들을 붙들고 있는지를 확인하고 싶었다. 어쩌면 이 도시에 스며든 모든 사상의 시작이, 오래된 문서들 속에 기록되어 있을 것이라는 생각이 들었고, 그 흔적을 따라가다 보면 자신의 질문의 답을 찾게 되리라 기대했다.

도시의 새벽은 조용했고, 은빛 안개가 낮게 깔려 있었다. 바람은 거의 느껴지지 않았지만, 리안의 뺨을 스치는 공기에는 서늘한 긴장감이 감돌았다. 거리엔 아직 이른 시각이라 사람이 많지 않았고, 정돈된 바닥을 따라 발자국 소리만이 또각또각 울렸다. 사르그는 깨어나고 있었지만, 리안의 내면은 아직 어두운 꿈 안에 머물러 있었다.

그는 중앙 광장을 지나며 엘루아 석상을 멀리 스쳐 보았다. 낮의 석상은 전날 밤 꿈 속의 모습과 달랐다. 움직이지 않았고, 침묵하고 있었으며, 그저 조형물처럼 보였다. 그러나 리안은 그 안에 무엇이 있었는지 보았기에, 이제는 그것을 결코 같은 시선으로 볼 수 없었다.

÷ ÷ ÷ ÷ ÷

오래된 장서들을 보관하고 있는 도서관으로 향하는 길은 긴 계단을 따라 이어져 있었다. 중앙 광장에서 동쪽으로 이어진 그 길은 수백 년 전 도시가 처음 세워졌을 때 만들어졌다고 전해졌다. 리안은 그 돌계단을 밟으며 묘한 감각을 느꼈다.

계단의 양옆엔 낮은 석등이 줄지어 있었고, 그 위에 놓인 문양들은 어딘가 익숙하면서도 설명할 수 없는 불쾌함을 자아냈다. 마치 하늘의 진리를 흉내 낸 무언가가 조용히 웃고 있는 듯한 느낌이었다.

그가 계단을 오를수록 가슴은 더 조여왔고, 등에는 식은땀이 배어났다. 마치 그 건물이 단순한 기록 보관소가 아니라, 이 도시의 비밀을 감추고 있는 어떤 고대 유적처럼 느껴졌다.

드디어 도착했다. 회색 돌로 지어진 웅장한 외관, 대칭적이고 압도적인 높이. 중앙에는 반원형의 돔이 얹혀 있었고, 정문 위에는 작은 문구가 새겨져 있었다.

리안은 오래된 석판 위에 새겨진 문장을 읽었다.

"진리를 고안할지니, 그 진리가 너를 자유하게 하리라."

처음에는 익숙한 울림처럼 들렸다. 너무도 친숙한 어조와 구조, 마치 어디선가 오래전부터 들어온 진리의 말씀처럼. 그러나 다음 순간, 그의 안에서 무언가가 어긋나는 느낌이 스쳤다. 그 문장의 어딘가가 잘못되어 있었다. 순간, 그의 귀 안에 다시 꿈속의 음성이 울렸다.

짐승이었다.

어둠 가운데 떠올랐던 눈, 온 도시를 뒤덮던 목소리.

"그에게 경배하지 않는 자는 모두 죽이라. 그 이름과 표를 받지 않은 자는 사고팔지 못하게 하라."

그 음성과 지금 눈앞에 새겨진 문장이 하나로 겹쳐졌다. 마치 같은 기원을 가졌다는 듯, 같은 의도를 품고 있었다.

그때 리안은 깨달았다.

역시나 이 도시가 붙잡고 있는 '고안된 진리'는 하늘에서 온 진리가 아니었다.

그것은 하늘의 진리를 흉내 내어 사람의 손으로 고안해 낸 체계였고, 짐승이 전한 명령을 옷 입힌 법이었다. 진리는 이미 사라지고, 대신 기록이 진리의 자리를 차지하고 있었다.

사람들은 그 기록을 진리라 믿고 따르고 있었지만, 정작 그것은 자유를 주지 못했다. 그것은 복종을 요구했고, 체계를 유지하는 데만 목적이 있었다.

진리는 살아 있는 음성이 아니라 해석된 조문 속에 묶여 있었고, 사람들은 그 조문을 따르는 것을 믿음이라 여긴 채 살아가고 있었다.

리안은 문장 아래에 시선이 멈춘 채, 속으로 조용히 중얼거렸다.

"이곳은 하늘의 진리가 흐르는 도시가 아니야. 사람의 손으로 지어진 체계가 진리의 자리를 대신하고 있어."

사람들은 자유를 말했지만, 실제로는 진리를 따라 사는 것을 막고 있었다. 기록된 말들은 하늘의 살아 있는 말씀을 밀어냈고, 복잡한 종교 체계는 오히려 생명을 억누르고 있었다.

÷ ÷ ÷ ÷ ÷

그는 숨을 가다듬고 무거운 나무문을 밀었다. 문은 삐걱, 소리를 내며 열렸고, 그 안에서 서늘한 공기가 흘러나왔다. 먼지와 금속, 오래된 종이의 향으로 가득한 곳에 정적이 내려앉은 공간이었다. 한 걸음 한 걸음 들어설 때마다 바닥의 돌은 낮은 울림을 냈고, 거대한 서가들이 벽을 따라 이어져 있었다. 천장까지 닿는 책장은 끝이 보이지 않았고, 복잡한 분류 표식과 기록의 흔적들이 교차했다.

그가 찾고자 한 것은 단지 역사나 정보가 아니었다. 이 도시의 뿌리, 이 체제의 설계자, 그리고 그들이 하늘의 진리를 어떤 방식으로 왜곡했는지, 그 진실을 찾기 위해, 그는 그 안으로 걸어 들어갔다.

도서관의 장서실은 외부의 소음을 완벽히 차단한 세계였다. 창 하나 없는 회색 석벽, 오래된 등잔빛 하나만이 긴 탁자 위를 은은하게 밝혀주고 있었다. 빛은 거의 닿지 않는 음영 속에서, 먼지는 마치 공기 자체처럼 부유했다. 그 속에서 숨을 쉬는 것조차 조심스러웠다.

리안은 천천히, 그러나 멈추지 않고 움직였다. 그의 손끝은 장갑도 없이 문서 위를 훑었다. 거칠고 바스라질 듯한 파피루스의 감촉, 질긴 가죽의 주름, 석판의 차가운 질감. 각기 다른 시대, 다른 재질, 다른 손에서 나온 기록들이 하나의 실타래처럼 엮여 있었다.

장서실 가장 깊은 곳에는 손이 닿지 않은 채 수십 년, 혹은 수백 년 동안 잠들어 있었던 것처럼 보이는 문서들이 있었다. 먼지를 털어내자, 마치 처음으로 숨을 쉬는 것처럼 표면이 서서히 드러났고, 바래진 글자들이 아지랑이처럼 빛났다.

문서들 대부분은 사르그의 법과 역사, 통치자의 명령, 각 시기의 제사 규례나 설교자들의 연설문을 기록한 것이었다. 처음엔 그저 제도적 연대기처럼 보였다. 그런데 이상한 점이 반복되고 있는 점이 눈에 띄었다.

어떤 문서는 '일루아의 계시'라 불리는 문장을 반복했고, 그 문장은 시대마다 조금씩 형태를 바꾸고 있었다.

초기에는 "하늘에서 주어진 질서"라 기록되었고, 어느 시기부터는 "내면에 새겨진 법", "자기 안의 빛", 그리고 더 나중에는 "진리를 흉내 낸 의식"이라는 말로 표현되어 있었다.

형식은 달랐지만, 핵심은 같았다.

'진리는 외부에서 주어지는 것이 아니라 내부에서 기록된 것', 이 사상이 문서 전체를 일관되게 관통하고 있었다.

리안은 메모를 중단한 채 오래된 석판 하나를 붙잡았다. 손끝에 닿는 단단한 감촉. 표면에는 엘루아의 상징처럼 보이는 문양이 새겨져 있었고, 그 아래에는 의미심장한 문장 하나가 음각으로 박혀 있었다.

"하늘의 뜻은 곧 사람의 뜻 안에서 완성된다."

그 문장은 어딘가에서 들은 적이 있었다. 그는 그것을 기억했다. 바로 어젯밤, 꿈속에서 설교자 중 한 명이었던 인본주의자 앵젤로의 입에서 나온 말과 똑같았다. 그 순간, 리안의 등골을 차가운 전율이 훑고 지나갔다. 이건 단순한 꿈이 아니었다. 그 꿈은 이 도시의 실제 구조를, 수백 년 동안 이어진 거짓의 문맥을 정확히 짚고 있었다.

그는 다시 문서 속으로 파고들었다. 이름 모를 왕들의 서명, 서기관들의 비망록, 초기 '사르그 건설 회의'라 불리는 비공식 회의록까지, 정제되지 않은 글귀들 사이로 이상한 문장들이 교차하고 있었다.

"외부에서 온 진리는 언제나 공동체의 분열을 초래했다."

"내부의 일치를 위해 외부에서 공동체 안으로 들어오는 진리는 제거되어야 한다."

"법은 곧 사람들의 회의와 동의로 결정된다."

"진리는 자유하게 하는 것으로 개인마다 진리는 달라질 수 있으며, 변하지 않는 기준은 독선이다. 이는 또 다른 형태의 폭압과 폭력이다."

"진리는 사랑이다. 사랑의 대상은 사람이며, 사랑의 행위는 그 대상의 상처와 아픔을 감싸는 것이다."

리안은 숨을 깊이 들이켰다. 이 다섯 가지 문장들은 단순한 철학이 아니었다. 누군가의 사상이나 시대의 유행이 아니라, 이 도시 전체를 지탱하는 설계의 초석이었다.

이것은 의도된 설계였다.

사르그는 하늘의 진리를 대체할 수 있는 체계를 만들기 위해 세워진 도시였다. 외부에서 오는 진리를 '혼란'이라 규정하고, 변하지 않는 기준을 '폭력'이라 부르며, 각 사람의 내면에 기준을 심어주는 방식으로 도시의 질서를 구축한 것이었다.

그리고 리안은 깨달았다. 이 사상은 어느 날 갑자기 강요된 것이 아니었다. 무기로 들이민, 억압으로 주입된 신념이 아니었다.

오히려 그것은 아주 오랜 시간 동안, 조용히, 그리고 서서히 사람들의 삶 속에 스며들고 있었다. 그들의 이마, 곧 생각에 새겨지고 있었다. 그들이 무엇을 옳다고 여기고, 무엇을 진리라 믿어야 하는지를 재단하는 틀이 그들의 생각 위에 형성되고 있었던 것이다.

그들의 손, 곧 행동에도 함께 새겨지고 있었다. 그들은 스스로 선택하고 있다고 믿었지만, 이미 그들의 모든 행위는 이 체계가 정한 윤곽 안에서 움직이고 있었다. 자유로운 삶처럼 보였지만, 실제로는 정해진 규칙 안에서의 반복된 순응일 뿐이었다.

그리고 그것은 마지막으로 그들의 마음, 곧 정체성 깊은 곳에까지 스며들어 있었다. 더 이상 외부의 강요도 필요 없었다. 사람들은 스스로 그렇게 생각하고, 그렇게 살아야 한다고 믿고 있었고, 결국에 그것을 자신들의 신앙이라 여기게 되었다.

리안은 그 흐름이 얼마나 교묘하고 치밀하게 설계되었는지를 비로소 이해했다. 단번에 박힌 것이 아니라, 생각과 행동과 마음을 따라 천천히, 그러나 철저하게 새겨진 질서였다.

그것은 살아 있는 진리를 대체한 침묵 속의 세뇌였고, 그 침묵은 너무 오래 이어져 이제는 진리 아닌 것을 진리라 부르게 만들고 있었다.

그 누구도 경계하지 못할 만큼 부드럽고 친절하게, 외부의 진리를 거부하는 마음이 '진리의 자유'의 이름으로 정당화되어 왔던 것이다. 그것은 설득이 아니라, 습관처럼 자리 잡은 믿음이었다. 사람들은 그것이 새겨지고 있다는 사실조차 알지 못한 채, 자연스럽게 그 문장들을 자기 이마와 손에, 그리고 마음 안에 받아들이고 있었던 것이다.

이 도시는 사람들의 내면에 진리를 대체할 '법'을 새기는 방식으로 세워지고 있었다. 그러나 그 법은 결코 하늘로부터 온 것이 아니었다. 겉으로는 하늘로부터 온 '율법'이라는 단어를 사용했지만, 그것이 참된 하늘의 율법이라면 처음부터 성경에 기록된 그대로여야 했고, 피 없는 경건이나 속죄 없는 의로움은 존재할 수 없었기에, 그것은 본래의 율법일 수 없었다.

진짜 하늘의 율법이라면 반드시 희생과 제사, 피흘림과 죄사함, 거룩과 속죄가 함께 있어야 했으며, 그 모든 규례는 하늘의 진리, 즉 생명을 향한 은혜의 길을 가리켜야 했다. 그 율법안에 사람을 하늘의 아들께로 인도하는 가정교사가 있었다면, 분명히 그 율법을 하늘의 아들께로 인도했을 것이다. 그러나 사르그는 그 율법에서 가장 중요한 핵심인 인격을 제거한 채, 그 율법의 불편한 부분들, 곧 인간의 무능과 죄를 드러내는 제사와 속죄, 그리고 오직 하늘의 은혜만이 해결할 수 있는 본질을 조용히 덜어냈고, 그 자리에 사람의 노력과 결심, 도덕과 처세술을 집어넣어 율법을 재구성했다.

그들은 하늘의 아들의 피에 대해서는 말하지 않았고, 죄나 회개도 하늘의 법이 아니라 자기 내면의 기준에 따라 다루었다. 그래서 죄는 가볍게 흘려졌고, 회개는 진리를 향한 돌이킴이 아니라 자기반성이나 감정적 반응으로 바뀌어 있었다. 신의 다스림보다는, 바른 태도와 착한 성품을 강조했다. 겉모습은 여전히 믿음 같았지만, 안에는 중요한 진리가 빠져 있었다. 그들은 하늘의 율법에 정과 망치를 대어 자신들의 기준에 맞게 다음은 뒤, 율법을 새롭게 개조했다. 그들은 율법을 완전히 없애지는 않았지만, 자신들이 원하는 것만 남기고 불편한 부분은 조용히 제거했다. 그래도 그들은 여전히 그것을 '율법'이라고 불렀고, 사람들은 그것이 진짜 진리인 줄 알고 따라갔다.

겉으로는 하늘의 법을 말했지만, 실제로는 하늘 없이 하늘의 형식을 흉내 낸 인간들만의 구조였고, 경건의 모양은 있었지만 그 능력은 부정된 상태였다. 사람들은 그렇게 진리 없이 윤리를 따랐고, 생명 없는 경건을 흉내 냈으며, 속죄 없이 순종하려 했다. 결국 그 법은 사람을 살리는 것이 아니라, 사람의 생각과 행동과 마음에 스스로를 의롭게 여길 수 있는 체계를 각인시키기 위한 도구가 되었고, 그것은 더 이상 하늘의 법이 아니라 사람이 만든 규율, 짐승이 남긴 질서였다.

그는 손을 멈췄다. 문서 위에 엎드려 한동안 눈을 감았다. 수많은 문장들이 파도처럼 머릿속을 치고 지나갔다. 그러나 파편 속에서 하나의 선이 그어지고 있었다. 그 선은 그를, 이 도시의 가장 깊은 뿌리로 이끌고 있었다. 그리고 마침내, 리안은 어떤 실체에 다다르고 있었다.

÷ ÷ ÷ ÷ ÷

장서실의 어둠 속, 리안은 한 권의 오래된 연대기를 펼쳤다. 표지는 낡았고, 제목은 거의 지워져 있었지만, 내부의 글자들은 기이하게도 또렷했다. 그리고 거기 적혀 있었다.

"사르그 왕국의 시작은… 하늘의 진리를 향한 사모함으로부터였다."

그 첫 문장은 마치 오래된 기록 문서의 표제처럼 리안의 눈앞에 펼쳐졌다.

책 속에는 광야의 장면이 묘사되어 있었다. 바람이 불고, 먼지가 이는 벌판 한가운데, 몇몇 무리들이 둘러앉아 있었다. 그들은 이름 없는 작은 공동체였고, 하늘의 진리를 사모하는 자들이었다. 그들의 손에는 고운 천에 감싸 보존한 작은 책 두루마리가 들려 있었고, 그 안에는 '하늘의 기쁜 소식'이라 불리는 하늘의 말씀이 담겨 있었다.

그들은 모일 때마다 눈을 감고 조용히 기도했고, 눈을 뜰 때면 서로를 바라보며 조용히 고개를 끄덕였다고 기록되어 있었다. 어떤 찬양도, 외침도, 제도도 없었다. 오직 진리 자체가 그들의 중심이었고, 그 진리는 삶을 바꾸는 능력으로 그들 안에 새겨지고 있었다.

리안은 문장을 따라가며 알게 되었다. 이 공동체는 사르그가 세워지기 훨씬 이전, 아직 왕국의 개념조차 없던 시절, 진리를 좇던 무리들의 기록이었다. 그들은 하늘의 다스림 아래 살기를 원했고, 하늘의 보호를 삶의 전부로 삼았으며, 그 진리 앞에서 스스로를 낮추는 것을 기쁨으로 여겼다.

책은 그들의 모습을 이렇게 남기고 있었다.

"그들은 많은 것을 소유하지 않았고, 제사장도 없었고, 절기와 법령도 없었다. 그러나 그들 가운데 진리가 살아 있었고,

하늘의 기쁜 소식이 날마다 그들 안에서 자라났다."

리안은 문장을 한 줄 한 줄 읽으며, 이 무명의 사람들이야말로 진정한 시작이었음을 느꼈다. 체계나 제도도 없이, 오직 진리 하나만을 품고 살아냈고, 사르그의 거대한 석상과 웅장한 제도, 정교한 법체계가 도달하지 못하는 깊이에서 그 말씀을 날마다 받아들이며 숨 쉬듯 살아갔다.

"우리는 이 진리 위에 하나 된 도시를 세울 것이다."

누군가 그렇게 말했다. 고요한 확신이 무리 안을 감돌았다. 처음은 순전했다. 그들은 다툼 없이 서로를 섬겼고, 땅을 나눠 경작했으며, 하늘의 법을 지키는 것을 삶의 기쁨으로 삼았다. 기름 부음을 받았다고 알려진 몇몇 사람들은 공동체를 위해 말씀을 나눴고, 사람들은 귀를 기울이며 울기도, 고개를 숙이기도 했다.

그러나 시간이 지나며, 리안이 읽고 있던 문서 속에는 이렇게 기록되어 있었다.

"우리가 받은 이 진리를 더 질서 있게 전해야 합니다. 더 많은 이들이 와도 혼란스럽지 않도록 체계가 필요합니다."

그 말은 선의처럼 들렸고, 처음엔 그 누구도 반대하지 않았다. 그렇게 '질서'가 세워졌다. 회의가 생기고, 의장이 뽑혔으며, 예배의 순서가 정해졌다. 법이 정리되고, 해석자가 생겼다. 처음엔 소수였지만, 해석자는 곧 '제사장'이라 불리게 되었고, 백성은 점차 그들만이 하늘의 뜻을 알 수 있다고 믿기 시작했다.

그리고 리안은 책에서 다음 문장을 읽었다.

"어느 순간부터, 사람들은 하늘로부터 오는 진리보다 사람의 말을 더 주의 깊게 듣기 시작했다."

"이제부터 하늘로부터 온 진리는 내면의 법으로만 전해진다. 이를 어긴 자는 질서를 해치는 자요, 반역자다."

사람들은 고개를 끄덕였다. 평안과 질서는 하늘의 진리를 믿어서가 아니라, 사람의 말을 따라야 얻을 수 있다고 믿었기 때문이었다.

그 순간부터, 진리는 더 이상 하늘의 뜻이 아니었다. 사람의 기준에 따라 설명되었고, '하늘의 진리'는 사람의 손으로 다듬어지고, 해석되고, 판단되는 도구가 되어버렸다.

그 다음은 빠르게 진행되었다. 제사장들은 스스로를 율법처럼 세웠다.

"우리가 말하는 것이 곧 진리다."

그 말은 외면상 거룩했지만, 안쪽에는 탐심이 숨어 있었다.

헌물은 늘었고, 성소는 넓어졌으며, 행사는 성대해졌다. 그러나 진리는 점점 사람들에 의해 제거 되고 있었다.

리안은 책을 읽으며, 한 흐름을 분명히 짚어낼 수 있었다.

사람들은 점차 스스로 세운 법의 잣대를 자기 삶에 적용하며, 그 법을 지킨다는 이유로 자신을 '의롭다' 여겼다. 하늘의 시선을 두려워하기보다는 사람들의 평가와 인정을 더 의식했고, 그것에 맞춰 살아가는 것을 믿음이라 착각하기 시작한 것이었다.

그들이 따르던 법의 기준은 더 이상 하늘의 진리에서 비롯된 것이 아니었고, 오히려 사람의 손으로 만들어진 규칙들이었다. 그 규칙을 지키는 행위는 진리를 아는 일보다 더 중요하게 여겨졌으며, 혼란을 유발하는 외부에서 들어오는 진리보다는 안정과 질서를 유지해주는 인간의 법이 더 선호되기 시작했다. 그 틈으로, 권력이 들어오고 탐심이 스며들고 있었다.

그 도시의 모습은 변하기 시작했다. 광장은 잘 정렬돼 있었고, 행렬은 거룩해 보였지만, 하늘의 진리는 찾아볼 수 없었다. 기도는 외형적이었고, 찬송은 웅장했지만 공허했다. 눈물은 흘렀지만, 가슴은 닫혀 있었다. 진리의 모양은 남아 있었지만, 그 능력은 부정되고 있었다.

그리고 그 외형만이 도시를 채우고 있었다. 구조는 세워졌고, 체계는 강화되었고, 사람들은 점점 스스로 만든 법 체제 위에서 스스로를 의롭다 말하며 고개를 들었다.

사람들의 눈은 더 이상 하늘을 바라보지 않았고, 그들의 마음은 하늘의 음성이 아니라 사람의 기준에 따라 움직이기 시작했다. 그렇게 사르그는 하늘의 진리를 모방하며 세워지고, 종교의 형식을 두른 하나의 왕국으로 자리 잡아갔다.

÷ ÷ ÷ ÷ ÷

리안은 다음의 글귀를 보고 페이지를 넘기지 못한 채 손을 멈췄다. 등 뒤의 공기가 서늘해졌고, 그의 입에서는 숨이 깊게 흘러나왔다.

"하늘의 형상을 본받아 이 땅에 질서를 세우되, 하늘의 다스림은 온전히 우리 손에 위임되었노라."

문장은 부드러웠고, 그 어조에는 경건함이 감돌았다. '하늘의 형상', '질서', '위임' … 모든 단어가 익숙하고 성스럽게 들렸다. 그러나 리안의 심장은 알 수 없는 불안으로 뛰고 있었다.

그 순간, 그의 머릿속에 아주 오래된 이야기 하나가 떠올랐다.

에덴은 하늘의 다스림 아래, 아무 부족함 없이 누리던 자들에게 한 존재가 다가와 속삭이기 시작한 곳이었다.

"너희가 눈이 밝게 되어 신과 같이 되어 선과 악을 알게 되리라."

그 말과 지금 읽고 있는 이 문장은 너무도 닮아 있었다. 하늘의 질서를 '닮아' 세우겠다는 그 말은, 결국 하늘의 다스림을 대신하려는 선언이었다.

겸손으로 포장한 야망이 사람들의 마음을 미혹했고, 질서라는 이름으로 옷 입힌 탐심이 공동체를 지배하기 시작했으며, 위임이라는 말을 빌려 통치의 권한을 몰래 자기 자리로 옮기려 했다.

리안은 손에 쥔 문서가 점점 더 무겁게 느껴졌다. 종이는 바스락거렸지만, 그 안에 담긴 의도는 돌보다 단단하고, 어둠보다 무거웠다. 그는 눈앞에 펼쳐진 장면을 상상할 수 있었다.

첫 통치자들. 그들은 회색 망토를 두르고 군중 앞에 섰다. 그들의 뒤에는 성소가 있었고, 그 성소 앞에는 넓은 제단이 있었으며, 제단 아래에는 무릎을 꿇은 백성들이 있었다. 그들은 선언했다.

"우리는 하늘의 뜻을 이 땅에 펼칠 자들이다."

사람들은 환호했다. 무릎 꿇고, 손을 들고, 기도했고, 감격했다. 그러나 아무도 묻지 않았다.

'하늘의 뜻'이란 무엇이며, 그들이 말하는 '하늘'은 진짜 하늘과 같은 존재인가?

성소는 곧 권력의 중심이 되었다. 절기는 기쁨의 날이 아니라, 통제를 위한 달력으로 변했고, 제사는 위로가 아니라 충성을 다짐하는 도구가 되었다. 사람들은 여전히 '하늘의 이름'을 불렀지만, 그 이름은 이제 체계의 도장을 찍는 구호에 불과했다. 하늘은 점점 침묵했지만, 체제는 점점 목소리를 키워갔다.

리안은 책에서 시선을 떼지 못한 채, 입술을 굳게 다물었다. 그의 마음속에선 충격보다 더 깊은 감정이 일고 있었다. 슬픔이었다.

진리를 사모하던 공동체는 어디로 갔는가? 하늘의 기쁜 소식을 나누던 그 무리들은, 왜 이렇게 되었는가?

그는 알 것 같았다. 그것은 하루아침에 일어난 일이 아니었다. 조금씩. 아주 천천히 일어났던 일이었다. 하늘을 대리한다는 이름 아래, 사람은 하늘의 자리를 탐하게 되었고, 하늘의 다스림을 '위임' 받았다고 말하는 순간, 이미 그것은 하늘의 다스림이 아니게 되었다.

그 순간 리안은 깨달았다. 이 왕국은 하늘의 진리를 닮은 체계로 출발했지만, 본질은 하늘 없이 하늘을 흉내 내고자 한 탐심의 잔재였다. 진리를 닮은 종교가 아니라, 진리를 제거한 채 그 외형만 빌려온 왕국이었다.

그 왕국의 기초는 곧, "하늘을 말하지만 하늘을 대신하려는 자들"의 선언이었다. 리안은 그 선언이 단지 과거의 구호가 아니라, 지금도 도시 전역을 조용히 감싸고 흐르고 있다는 사실을 깨달았고, 그 깨달음에 등줄기를 타고 소름이 스쳤다.

÷ ÷ ÷ ÷ ÷

장서실의 깊은 골방에서, 등잔불은 바닥에 그림자를 길게 드리웠고, 책장의 구석에서 벌레의 파싹이는 소리가 작게 들릴 뿐, 공간은 숨조차 쉬지 않는 듯 고요했다.

그는 손가락으로 책의 문장을 따라 내려가며, 사르그 왕국의 역사적 흐름을 복기하고 있었다. 문장들이 연기처럼 머릿속에서 움직이더니, 하나의 연대기적 서사가 형체를 갖추기 시작했다.

먼저 떠오른 건, 에덴의 빛 아래 반짝이며 웃던 한 얼굴이었다. 그는 하늘의 영광을 입고 창조되어, 온전한 아름다움과 지혜로 빛났다. 그러나 그의 가슴 한켠에는 작은 갈망이 자라기 시작했다.

"내가 지극히 높은 이와 같아지리라."

그는 그렇게 생각하며, 스스로를 높이려 했다. 리안은 한 장면을 떠올렸다. 영광의 보좌 뒤에서 천천히 고개를 들던 루시퍼는 처음엔 두려움과 경외 속에 서 있었다. 하지만 그의 눈빛은 점점 달라졌고, 거룩한 침묵 속에서 일그러진 욕망이 피어올랐다. 그 욕심은 결국 무기처럼 변했고, 마침내 그는 하늘을 향해 맞서게 되었다. 그래서 그는 하늘의 뜻을 거스르게 되었고, 결국 영광의 자리에서 쫓겨나 떨어지고 말았다.

탐심은 하늘의 자리를 넘보는 첫 마음으로 시작되었다. 그 마음은 결국 모든 우상의 기초가 되었고, 지금도 여전히 사람들의 심장을 흔들고 있었다.

그 다음은 광야였다. 모래바람이 이는 벌판 위에서 한 무리가 모여 조용히 속삭이고 있었다. 그들은 서로를 향해 말하며 불안을 나누었고, "모세가 어찌 되었는지 알 수 없다"고 불평하기 시작했다. 그리고 곧 금을 모아 송아지를 만들었고, 그 형상을 향해 손을 들며 외쳤다.

"이는 우리를 인도한 신이로다."

그들은 그렇게 말하며 엎드려 경배했다. 진리의 침묵이 길어질 때, 인간은 진리를 만들기 시작했다. 그 송아지는 단지 짐승의 형상이 아니었다. 그것은 기다릴 수 없는 인내의 실패, 하늘의 주권을 대신하려는 본능의 돌출이었다.

또다시 시간이 흘렀다.

광야의 먼지는 가라앉고, 고라의 반역, 바알브올의 타락, 미가의 신상이 이어졌다.

리안은 마치 연속된 환상처럼 고대의 장면들을 목도했다.

광야의 길을 걷던 중 고라는 모세를 향하여 외쳤다.

"우리 모두 하늘 앞에 같은 자들인데, 너희만 어찌하여 그 자리를 차지하고 특권을 누리느냐?"

그 말은 정의처럼 들렸고, 그 외침은 공평을 말하는 듯 보였지만, 그 말의 바닥엔 권위에 대한 시기와 질서에 대한 반발이 깔려 있었다. 하늘이 세우신 질서가 아니라, 자신이 오르고 싶은 자리를 향한 열망이 그 말의 진짜 동력이었다.

이어서 바알브올의 타락으로 전개됐다. 그 사건은 단순한 우상숭배가 아니었다. 문제는 그들이 바알브올을 받아들인 배경에 있다. 바알브올을 섬기는 자들의 삶이 더 매력적으로 보였다는 데 있었다.

하늘의 통제 아래 사는 것보다, 마음대로 믿고 자유롭게 누리는 그들의 방식이 더 풍성하고 자유로워 보였다. 그들은 점점 하늘의 질서보다 바알브올의 방식을 부러워하기 시작했고, 결국 그 사상이 옳다고 여기며 받아들이게 되었다. 사람들의 마음에는 이런 외침이 깊숙이 자리 잡았다.

"우리는 신을 자유롭게 섬기겠다."

그 말은 곧, 내가 원하는 방식으로, 내가 좋을 때, 내가 정한 신을 섬기겠다는 뜻이었고, 그 자유는 결국, 하늘을 왕으로 모시기를 거부하고 스스로를 주인으로 삼겠다는 선언이었다.

마지막으로, 미가의 신상이 떠올랐다. 그는 은으로 신상을 만들고, 자기 집에 제사장을 세웠으며, 그것을 경배하며 말했다.

"이제야 신이 내 집에 복 주시리라."

미가의 신앙은 진리보다는 자신의 유익을 앞세운 것이었고, 하늘이 정하신 방식이 아닌 자신이 만든 질서 안에서 신을 섬기려는 시도였다. 그것은 결국 하늘의 법을 사람의 손으로 조작한 것이었다. 하늘의 이름은 불렸지만, 그 본질은 이미 타락한 본성의 형상을 따라가고 있었다.

÷ ÷ ÷ ÷ ÷

이제 장면은 점점 사르그 왕국의 역사로 이어졌다.

문서 속 기록들엔 초기 통치자들의 회의 내용이 남아 있었다.

"진리를 체계화해야 한다."

"하늘의 법은 해석될 필요가 있으며, 그 해석은 질서를 위해 통제되어야 한다."

"하늘의 계시가 인간의 언어로 번역될 때, 통치자에게 그 열쇠를 쥐게 해야 된다."

그 회의를 시작한 동기는 처음에는 선의였다. 백성들이 진리를 쉽게 알 수 있도록 정리하자는 취지였다. 그러나 그 구조는 곧 권력이 되었다. 진리를 전달하는 자들이, 진리를 '정의하는 자'로 바뀌었다.

이러한 시대가 오랜 역사와 전통으로 이어지면서 사르그의 성소는 더는 진리를 드러내는 곳이 아니었다. 그곳은 '하늘의 이름을 가진 질서'를 유지하는 거대한 체제의 심장부가 되어 있었다.

그곳에서 드려지는 제사는 하늘을 향한 경외가 아니었다. 제사는 체제에 대한 충성과 복종을 상징하는 예식으로 변질되었다. 백성들은 무릎을 꿇었고, 손을 들었지만, 그 손과 무릎은 하늘을 향한 것이 아니라, 진리를 다룰 수 있다고 믿는 사람들의 말을 향해 있었다.

리안은 책에서 눈을 들었다. 그의 심장은 두근거리고, 온몸엔 싸늘한 기운이 퍼졌다.

리안은 깨달았다. 이 도시는 단지 진리를 잃어버린 것이 아니었다. 그들은 진리를 방치한 것이 아니라, 그것을 다룰 수 있는 무언가로 바꾸어 버렸다. 하늘의 뜻은 더 이상 섬김과 경외의 대상이 아니었고, 사람들은 하늘의 것을 소유하려 했으며, 그 소유는 곧 지배의 수단이 되었다. 결국 하늘의 진리는 신을 향한 경배와 순종의 중심이 아니라, 사람의 통치를 정당화하기 위한 도구로 전락하고 말았다.

그리하여 사람들은 진리를 섬기는 것이 아니라, 진리를 통제할 수 있는 '권세' 그 자체를 섬기게 되었고, 그것이 곧 우상이었다.

그는 지금, 한 도시의 역사가 아닌, 인류의 타락이 되풀이되는 반복의 구조를 목도하고 있었다.

그 반복의 끝에는 항상 하늘의 진리를 대체하려는 새로운 형상이 있었고, 사르그는 그것을 가장 정교하게 건축한 왕국이었다. 그 왕국은 여전히 살아 움직이고 있었다.

그리고, 자신도 모르게 그 구조 안에 들어와 있었던 리안은 이제 더 이상 그 안에 머물 수 없다는 것을, 직감적으로 알게 되었다.

÷ ÷ ÷ ÷ ÷

리안은 책장을 넘기며, 자신도 모르게 숨을 삼켰다. 눈앞에 펼쳐진 문장들은 단순한 설명이 아니었다. 마치 도시의 숨겨진 설계도를 드러내듯, 구체적이고 정교하게 쓰여 있었다.

사르그 왕국은 단지 힘으로 움직이는 정치 체계가 아니었다. 겉으로는 종교의 외양을 지녔지만, 실제로는 종교라는 이름을 입은 세 가지 질서, 곧 율법주의, 인본주의, 기복주의에 의해 세워진 체제였다.

먼저, 그는 기록에서 율법이라는 단어를 여러 번 마주쳤다. 질서, 규범, 훈련, 판단… 그것은 단순한 도덕이 아니었다. 사람의 내면을 변화시키는 것이 아니라, 행동을 감시하고 제어하기 위해 만들어진 구조였다. 죄는 더 이상 하늘의 진리로 드러나는 것이 아니라, 정해진 법과 규율을 어긴 자에게 씌워지는 이름이었다. 회개는 마음의 회복이 아니라, 절차에 따라 정해진 형식 안에서 이뤄지는 의식이 되었고, 용서는 제사장의 판단을 통해 선언되었다.

사람들은 진리를 따르고 있다고 믿었지만, 그들이 따르는 것은 진리의 형상을 한 구조였다.

하늘의 뜻을 아는 것이 아니라, 하늘의 뜻을 '어기지 않는 방법'을 익히는 것이 중요했다. 경건은 자격으로 바뀌었고, 의로움은 점수처럼 매겨졌다. 리안은 그것이 얼마나 완벽하게 위장된 체계인지 이해하기 시작했다. 그것은 하늘을 흉내 낸 질서였지만, 그 안에는 하늘이 없었다. 그리고 바로 그 점이 핵심이었다. 이 체계는 진리를 말살하기 위해 설계된 질서였고, 진리가 다시는 들어올 수 없도록 봉인된 구조였다.

책장을 넘기자, 또 다른 구조가 드러났다. 이번엔 그 형태가 훨씬 더 부드러웠고, 따뜻했다. 사랑, 치유, 포용, 자유. 처음에는 그것이 오히려 진리처럼 느껴질 만큼 익숙했다. 그러나 문장 속에서 리안은 위화감을 느꼈다. 하늘의 진리는 점점 뒤로 밀려나 있었고, '사람의 감정'이 모든 판단의 중심으로 자리하고 있었다.

사랑이 진리를 대신했고, 위로가 책망을 가려버렸으며, 자유라는 이름으로 기준은 해체되었다. 사람은 더 이상 죄를 문제삼지 않았고, 옳고 그름보다 상처와 이해를 말하기 시작했다. "하늘도 너를 있는 그대로 사랑하신다"는 말은 점점 "그러니 바꾸지 않아도 괜찮다"는 의미로 굳어졌고, 결국 진리를 상대화한 인본주의의 언어는 사람을 중심에 두는 또 다른 우상이 되어 있었다.

그들은 더 이상 하늘을 필요로 하지 않았다. 하늘은 그저 감정을 지지하는 배경처럼 존재했으며, 사람의 느낌이 곧 '계시 혹은 진리'로 받아들여졌다. 모든 것은 말랑했고, 모든 것은 수용되었고, 아무도 불편함을 주지 않았다. 그러나 그 부드러움은 칼보다 날카롭게 진리를 잘라내고 파괴하고 있었다.

그리고 마지막, 리안은 도시의 한가운데서 가장 자주 들었던 단어들과 마주했다. 축복, 번영, 믿음, 긍정. 도시는 성공을 외쳤고, 회당은 '하늘의 복'을 약속했다. "의심하지 말고 믿기만 하라", "네가 선포한 대로 이루어질 것이다." 그 문장들은 사람들을 이끌었고, 감동시켰고, 그들의 삶에 동기를 주었다. 그러나 하늘의 진리는 보이지 않았다.

복은 곧 신의 존재 이유처럼 되었고, 믿음은 복을 얻기 위한 수단으로 취급되었다. 믿음은 이제 하늘을 향한 충성이나 경외가 아니라, 자기 소원을 향한 확신으로 바뀌어 있었고, "하늘"이라는 말은 오직 '무엇을 주시는 분'이라는 뜻으로만 사용되고 있었다. 그렇게 진리는 점점 왜곡되었고, 결국 사람들의 마음에서 혐오스러운 것처럼 여겨지기 시작했다. 그들은 진리를 부담스럽고 불편한 것으로 인식하게 되었고, 점차 외면하게 되었다. 그리고 마침내, 진리를 찾으려는 갈망조차 잃어버리게 만드는 구조가 도시 전체에 스며들었다.

÷ ÷ ÷ ÷ ÷

리안은 문장을 읽다 말고 고개를 들었다. 머릿속에 떠오른 도시의 풍경은 너무도 선명했다. 그 도시는 세 방향으로 축이 뻗어 있었고, 한 방향에서는 회색 건물들 사이로 율법이 철갑처럼 사람들의 행동을 꽉 묶고 있었으며, 또 다른 방향에서는 감정이 신앙의 중심이 되어 사람들의 마음을 이끌고 있었고, 마지막 한 방향에서는 화려한 회당들에서 황금빛 약속들이 끊임없이 쏟아지고 있었다.

모두 다른 옷을 입고 있었지만, 본질은 같았다. 진리는 중심에서 밀려났고, 그 자리에 사람이 자리잡았고, 체계가 자리를 차지했고, 바람이 그 틈을 메워 흘러들었다.

사르그는 세 가지 종교 체제의 언어를 사용하고 있었지만, 그 세 체제는 하나의 목적을 위해 움직이고 있었다. 하늘의 진리를 파괴하고 무력화시키는 목적을 두고 움직였다. 진리를 부정하지는 않았고, 다만 그것을 다른 방식으로 말할 수 있다고 믿게 만들었다.

그 구조는 하늘의 진리를 정면으로 반박하지 않았다. 대신 더 달콤하게 말했고, 더 아름답게 꾸몄고, 더 현실적인 언어로 사람들의 귀를 사로잡았다. 그리고 어느덧 사람들은 진리를 말하지 않게 되었고, 진리를 말하는 자들을 불편하게 여기기 시작했다.

리안은 그 책을 덮지 못했고, 손끝에서 떨림을 느꼈다. 이 왕국은 체제 그 자체로 설교하고 있었고, 구조 전체로 메시지를 전하고 있었으며, 사람들은 매일같이 자신의 삶으로 그 구조에 아멘을 외치고 있었다.

그러나 도시 전체가 짜여진 설계로 완벽하게 진리를 밀어냈다 해도, 언제나 어딘가엔 균열이 생기고 있었다. 진리의 빛줄기가 들어갈 수 있는 작은 금이 생겼고, 사람들이 질문하기 시작했으며, 체제가 흔들리는 위기의 틈도 벌어지곤 했다.

그때마다 도시는 또 다른 것을 불러들여 그것을 메우려 했다. 은사주의가 바로 그것이었다.

은사주의는 그런 때마다 어김없이 불어오고 있었다. 마치 바람처럼, 예고 없이, 설명할 수 없는 방식으로 도시에 스며들었고, 어느 순간 도시 전체를 감정과 체험으로 덮어버리고 있었다. 그것은 격렬했고, 선명했고, 뜨거웠지만, 그 중심엔 진리가 자리하지 못했다.

그것은 마치 하늘로부터 내려오는 진리의 물줄기를 가로막는 신비의 수리공처럼 작동하며, 사람들로 하여금 그 감정 속에서 진리를 갈망하지 않도록 진리가 들어 올 틈을 막고 있었다.

도시의 어느 구역에선 소문이 번지기 시작했다. "누군가가 하늘의 음성을 들었다", "누군가가 손을 얹자 병이 나았다", "밤마다 환상을 보는 자가 있다" 는 말들이 오갔다. 그 말은 곧 모임으로 이어졌고, 모임은 회당이 되었으며, 회당은 어느덧 광장으로 확장된 충동의 무대를 형성하고 있었다.

리안은 그 소용돌이를 여러 번 목격했다. 빛이 깜빡였고, 사람들이 넘어졌고, 누군가는 웃고, 누군가는 울며, 어떤 이는 땅에 쓰러진 채 벌벌 떨면서 "계시가 임했다" 고 외치고 있었다. 또 어떤 이는 눈을 감고, 또 다른 이는 알 수 없는 소리로 무언가를 중얼거리며 움직이고 있었다. 그 현상은 단순한 연기가 아니었고, 감각은 분명히 현실을 자극하고 있었다.

그러나 이상하게도, 그 한가운데에 하늘의 변하지 않는 진리는 없었다. 흔들리지 않는 진리를 통해 전해지는 하늘의 기쁜 소식이 중심에 있지 않았다. 하늘의 아들의 '피흘리심'은 어딘가 뒤로 밀려나 있었고, 진리를 대적하는 것에서 돌이키는 회개의 외침은 사라졌으며, 참 진리는 새로운 음성과 소리, 그리고 체험의 열기 속에 묻혔다.

말이 많았고, 외침이 넘쳤지만, 그 말 안엔 변하지 않는 기준이 없었고, 외침 속엔 방향이 없었다.

하늘의 진리 대신, 느낌이 그 자리를 대체했고, 진리로 부터 오는 하늘의 음성 대신, 안개처럼 흩어지는 직관들이 '하늘의 음성'이라 불렸다.

그들은 열광했고, 울었고, 가슴을 쳤고, 손을 들었다. 그러나 다음 날이면, 다시 예전으로 돌아갔다. 변화는 있는듯 했지만 오래가지 않았고, 확신은 있었지만 검증되지 않았다. 그들은 '체험했다'고 말했지만, 그 체험은 진리와는 무관한 자기 만족이었다.

리안은 그 책에 남겨진 기록들, 그 반복된 은사 운동의 물결을 읽으며 깨달았다.

이 바람은 수십 년, 수백 년을 주기로 반복되었고, 항상 같은 패턴을 따랐다.

그들이 쏟아낸 '하늘의 음성'은, 수세기 동안 수많은 자들이 "이것이 하늘의 말씀입니다"라 외치며 사람들 앞에 드러냈지만, 정작 그 말들은 오래 남지 못하고 이내 잊혀졌던 수많은 종교인들의 설교들과 다르지 않았다. 그 말들은 하늘로부터 온 것이 아니라 사람의 열정과 충동에서 비롯된 것이었기에, 진리의 무게를 견디지 못했고, 결국 사라졌다. 한순간 뜨겁게 타오르다 금세 식어버리는 감정처럼 흩어져 버렸다.

처음엔 '하늘의 영이 임했다'는 격렬한 외침이 있었고, 곧 사람들은 그 중심으로 모여들었고, 소수의 인물이 나타나 중심을 차지했다. 강력한 카리스마, 황홀한 언어. 이해할 수 없지만 부정할 수도 없는 현상들로 다가왔다. 그러나 언제나 그 다음이 없었다.

시간이 지나면 사람들은 지쳤다. 말은 식었고, 표적은 더 이상 놀라움을 주지 못했고, 공동체는 흩어졌으며, 그 중심 인물들은 사라지거나 조용히 권력을 움켜쥐었다. 그리고 도시는 다시 더 공허한 일상으로 돌아왔다.

그 체험은 처음에는 눈부셨고, 언뜻 영원할 것 같았지만, 진리가 **빠진** 자리는 아무리 강한 체험도 메울 수 없었다. 그리고 리안은 깨달았다. 그 격렬한 바람 속에는 늘 한 가지 공통된 것이 있었다. 그러나 변하지 않는 영원한 진리는 없었다.

하늘의 진리는 분명 체험의 언어 속에 등장했지만, 결코 그 체험의 중심이 되지는 못했다. 사람들은 진리를 입으로 말했지만, 그 진리 앞에 머무르거나 경외하지 않았다. 경전은 모임의 시작을 알리는 도입부처럼 낭송되었지만, 곧 잊혀졌고, 그 자리는 강한 감정과 현상들이 대신 차지했다. 하늘의 영광은 진리 위에 세워진 경외의 결과가 아니라, 감정의 황홀 속에서 일시적으로 소비되었다. 결국 그 모든 흐름은 진리를 중심에 두기보다, 체험을 중심으로 삼는 구조로 굳어지고 있었다.

사람들은 "느꼈다"고 말했지만, 리안은 그들에게 묻고 싶었다.

무엇을 믿었는가? 그 느낌은 어디로 이어졌는가? 그 체험은 어디에 뿌리내렸는가?

리안의 손끝은 책장을 덮으며 떨렸다. 그는 그 모든 장면들 속에서 사람들의 열심과 감정이 거짓이라 생각하지 않았다. 그 눈물은 진심이었고, 그 외침은 갈망에서 비롯되었으며, 그들이 손을 들어 하늘을 향해 뻗는 움직임도 간절했다는 것을 알고 있었다.

그러나 그는 또한 아무리 뜨겁고 진실해 보여도, 그 중심에 하늘의 진리가 없으면 결국 모든 것은 흔들리고, 지나가며 사라질 수밖에 없다는 사실을 깨달았다.

그 진리가 중심이 되지 않는 체험은 하늘이 아니라 결국 사람을 향하게 만들고, 진리가 아니라 감정을 추구하게 만들며, 결국 아무것도 남기지 못한다.

지금까지 리안은 긴 시간을 도서관 안에 묻힌 채 보냈다. 고대의 장서들, 붉게 바랜 문서들, 돌판 위의 문장들을 통해, 그는 사르그의 심장을 해부하듯 열어보았다.

사르그는 거대한 도시였지만, 단순하게 세워진 도시는 아니었다. 그것은 살아 있는 구조였고, 하나의 종교였고, 진리를 대체하기 위해 설계된 또 하나의 성전이었다.

질서는 있었고, 열심도 있었고, 외형은 완벽에 가까웠다. 도시는 정돈되어 있었고, 사람들은 절제되어 있었으며, 회당의 설교는 울림이 있었고, 광장에 모인 자들은 눈물을 흘리며 무릎을 꿇었다.

그러나 리안은 보았다. 그 모든 것의 중심이 비어 있었다. 하늘의 임재는 말해졌지만, 임재의 무게는 없었고, 하늘의 진리는 인용되었지만, 결코 실제하지 않았다.

사르그는 진리를 흉내 냈다. 그들은 하늘의 언어를 사용했고, 하늘의 형식을 따라 예배했으며, 하늘의 법을 기록했지만, 그 모든 것은 하나의 연출이었다. 진리를 가리기 위한 장막이었고,

진리를 말하지 않게 하기 위한 언어의 유희였다.

사람들은 진리를 사랑한다고 고백했지만, 진리를 설교한 자는 광장에서 사라졌고, 진리를 붙든 자는 거래에서 배제되었으며, 진리를 따르려 한 자는 공동체에서 고립되었다.

하늘의 진리를 외치지 못하도록 억누르고, 그 진리를 따라 살지 못하도록 길을 막는 구조가 사르그를 지탱하고 있었다.

리안은 깨달았다. 이 도시는, 이 왕국은, 단지 부패한 제사장들의 통치가 아니라 처음부터 그렇게 설계되었고, 진리를 대체할 목적 아래 세워졌으며, 하늘을 말하지만 하늘을 가리기 위해 지어졌고, 하늘의 이름을 빌리되 하늘 없이 움직이도록 짜여 있다는 것을 깨달았다.

그 순간, 그의 머릿속을 스쳐 지나간 한 단어가 있었다. 모두가 하나의 언어로 섞여 하늘에 닿고자 시도했고, 결국 진리를 등지고 스스로를 높이며 무너져 갔던 도시 '바벨'이 떠올랐다.

사르그는 또 하나의 바벨이었다. 언어가 뒤섞였고, 기준이 무너졌으며, 높이만 추구하는 탑이었다. 사람들은 하늘을 향한다고 말했지만, 정작 그 발은 땅만을 디디고 있었고, 그들의 눈은 더 높은 체제를, 더 강력한 감정을, 더 황홀한 체험을 갈망하고 있었다.

하늘의 진리를 사모하는 자들은 침묵을 강요받았고, 체계에 순응하지 않으면 생존할 수 없도록 도시 전체가 조율되어 있었다.

÷ ÷ ÷ ÷ ÷

리안은 책에서 시선을 떼었다. 도서관이 곧 문을 닫는다는 안내 종소리가 들려왔고, 그제야 그는 시간이 이렇게 흘렀음을 알아차렸다.

그는 조심스레 손을 뻗어 노트 가장자리 한 켠에 문장을 기록했다. 잉크는 거칠게 번졌고, 그의 손등엔 아직 떨림이 남아 있었다. 그는 숨을 고르고, 천천히 적었다.

"이 왕국은 하늘의 진리를 흉내 내어 세워졌고, 지금은 진리를 배제함으로 유지되고 있다."

리안이 작성한 그 문장은 단순한 필기가 아니었다. 그것은 하나의 분별이었고, 판결이었으며, 하늘 앞에서 울리는 고백이었다.

리안은 조용히 책을 정리하고, 자리에서 일어섰다. 어느덧 도서관의 커다란 문은 닫히려 하고 있었고, 도시의 어두운 숨결이 그를 다시 길 위로 부르고 있었다. 그러나 이제 그 침묵은 더 이상 편안하지 않았다. 그것은 진리를 삼켜버린 도시의 깊은 숨결처럼, 어딘가 거칠고 날이 서 있었다.

그러나 그 진리는 아직 무너뜨릴 자를 기다리고 있었다. 리안은 문득, 자신이 무엇을 갈망하고 있었는지를 또렷하게 느꼈다. 단순한 지식이 아니었다. 감정을 채우는 위로도 아니었다. 체계를 무너뜨릴 논리도 아니었다.

그는 진리 그 자체를 원했다. 진리를 '말하는 자'가 아니라, 진리와 연합한 자가 되길 원했다. 사르그의 밤은 깊어 있었다. 달빛은 구름에 가려 있었고, 도시의 골목은 고요한 침묵으로 덮여 있었다. 하지만 그 침묵은 그에게 더 이상 위협이 아니었다. 오히려 그 고요 속에서, 그는 자신의 마음이 지금까지와는 전혀 다른 결을 가지고 있다는 것을 깨달았다.

리안은 도서관을 나와, 어두운 돌길을 따라 걸었다. 불빛은 희미했고, 창문 너머로 들려오는 소음조차 드물었다.

그 고요함 속에서 그는 묻고 있었다.

"나는 이제 무엇을 해야 하지?"

율법주의는 사람을 눌렀고, 인본주의는 진리를 이용했고, 기복주의는 하늘을 거래 대상으로 만들었고, 신비주의는 감정으로 진리를 덮어버렸다.

리안은 그것들이 모두 틀렸다는 것을 느끼고 있었다. 그러나 하나의 의문이 그를 멈추게 했다.

"그렇다면, 진리는 도대체 어디 있는가?"

잘못된 것들은 말할 수 있었다. 문제점들은 말할 수 있었지만 정작 진리는 무엇인지는 알 수 없었다.

"나는 어디서부터 진리를 다시 찾아야 할까?"

"그저 거짓을 분별한다고 해서, 그것이 진리인가?"

그 질문이 리안의 가슴속에서 천천히 퍼져 나갔다.

그는 고개를 들어 밤하늘을 바라보았다. 어둠은 짙었고, 별은 구름 뒤에 가려 보이지 않았다. 그 하늘 아래에서 그는 자신이 얼마나 작고 미약한지를 체감했고, 이 도시에서 진리를 말하면 환영받지 않는다는 현실을 받아들였으며, 진리를 찾으려 나서면 홀로 남겨진다는 외로움을 예상했지만, 그는 이미 그 길을 피하지 않기로 마음먹었다.

그러나 리안은 여전히 갈망하고 있었다. 지금까지 자신이 보았던 모든 허상들 너머에 진짜가 존재한다고 믿고 있었다. 사람의 말이 아니라 하늘의 입에서 나오는 음성을 붙잡고 싶었고, 사람의 손이 쓴 책이 아니라 사람의 심장을 꿰뚫고 흔드는 어떤 진리를 만나고 싶어 했다.

그는 생각했다.

"나는 진리를 분별한 것이 아니라, 진리에 대한 공허함만을 더 깊이 알게 되었을 뿐이야."

그것은 자책이 아니었다. 오히려 소망어린 출발점이었다. 허상을 밀어낸 빈 공간에 진짜가 들어올 수 있는 여지가 생겼다는 증거였다.

그는 무거운 발걸음을 옮기며 집으로 향했다. 도시의 빛은 여전했지만, 그의 눈에 비치는 색은 이미 달라져 있었고, 모든 것이 여전히 제자리에 있는 것처럼 보였지만, 그는 분명히 인식하고 있었다. 자신의 마음속에는 무너져야 할 것들이 아직 서 있었고, 지워져야 할 말들이 여전히 외쳐지고 있었으며, 종교적인 말들은 끊임없이 자신에게 소리치고 있었다.

집에 도착한 그는 불을 켜고 책상 앞에 앉았다. 아무 말도 하지 않은 채, 가만히 흔들리는 불빛을 바라보며 기도하듯 입술을 열어 읊조렸다.

"하늘이시여, 진리를 알게 하옵소서. 진리를 머리로만 알지 않게 하시고, 그 진리가 내 마음에 새기게 하소서."

그의 눈은 천천히 감겼고, 긴 하루를 지나온 그의 마음은 여전히 진리를 갈망하며 침묵 속으로 스며들어갔다.

제 7 장

진리와의 입맞춤에서 오는 진리의 향기

    도서관 깊숙한 장서실에서 진실을 마주한 이후, 몇 주의 시간이 흘렀다. 그러나 그 시간은 이전과 같이 평범하게 지나가지 않았다.

    사르그의 하늘 아래 또 다른 해가 저물고, 다시 해가 떠오르고 있었지만, 리안은 낮과 밤의 경계를 인식하지 못했다. 시간은 분명히 흐르고 있었지만, 그의 내면은 여전히 그날의 충격 안에 머물러 있었다.

    도서관에서 마주한 오래된 문서들, 돌판 위에 새겨진 낱말들,

그리고 그 모든 기록들이 그의 시선을 바꾸고 있었다. 그는 이제 더 이상 이전의 눈으로 도시를 바라볼 수 없었다.

그의 눈은 여전히 열려 있었지만, 그 시선은 이미 다른 차원을 향하고 있었다.

사르그의 외형은 변한 것이 없었다. 회당의 돔은 여전히 햇빛을 반사했고, 광장의 사람들은 정해진 시간에 맞춰 예배 자리를 지키고 있었다.

하지만 리안의 눈에는 이제 그것이 더 이상 아름다움이나 질서로 보이지 않았다. 겉으로는 평온해 보이는 도시 전체가 안쪽에서부터 조용히 무너지고 있는 것처럼 느껴졌다.

그는 더 이상 이 도시를 '모르는 곳'으로 보지 않았다. 이제 그는 이 도시를 '진리를 감추는 구조'로 보이기 시작했다.

이제 그의 시선은 점점 더 명확해졌고, 이제 그는 이 도시를 전혀 다른 방식으로 보기 시작했다. 벽을 따라 흐르는 문양들, 회당의 돔을 비추는 저녁 햇빛, 성소 앞에 놓인 향로의 연기마저도 단지 장식이나 제의가 아니라, 어떤 흐름 속에서 정해진 위치를 지키고 있는 듯 보였다.

사르그는 겉으로 질서를 말하고 있었지만, 그 질서 뒤에서는 진리를 가리고 있었다. 겉으로는 경건을 말하고 있었지만, 그 경건은 하늘을 높이기보다 자신들의 권위를 더욱 단단히 세우는 데 쓰이고 있었다.

사람들은 기도하면서 마음의 안정을 얻었고, 예배하면서 제자리를 지켰으며, 제사하면서 진심으로 따르기보다, 분위기에 맞춰 따르는 쪽을 선택하고 있었다. 그들은 하늘의 이름을 부르면서도 그 뜻을 붙잡으려 하지 않았고, 오히려 그 뜻을 자신들의 방식대로 바꾸려 하고 있었다.

리안은 그 모든 움직임이 단순한 반복이 아니라, 오래된 설계에서 비롯되었음을 느끼고 있었다. 사르그는 사람을 위로하지도, 설득하지도 않았다. 대신 사람들에게 익숙한 방식을 제공했고, 그 방식은 질문을 멈추게 만들며 조용한 충성을 유도하고 있었다.

진리는 사람을 질문하게 만들었지만, 이 도시는 질문하지 않도록 만드는 구조를 가지고 있었다.

그는 그 구조 속에서 자라왔고, 그 안에서 숨 쉬고 있었으며, 어느새 그 말들을 따라 살아오고 있었다.

사람들은 그 구조를 신앙처럼 여기며 따르고 있었다. 무엇인가를 크게 외치면 경건해진다고 믿었고, 종교적인 말만 해도 믿음이 생긴다고 생각했다.

그러나 도서관에서 본 문서들과 돌판에 새겨진 글들은 단순한 옛 기록이 아니었다. 그 글들은 지금도 살아 있는 말처럼 느껴졌고, 마치 비수처럼 리안의 마음을 깊이 파고들었다.

"하늘의 뜻은 곧 사람의 뜻 안에서 완성되노라."

"외부의 진리는 언제나 공동체의 분열을 초래하였노라."

"내부의 일치를 위해 외부에서 공동체 안으로 들어오는 진리는 제거되어야 하노라."

"기준은 곧 사람들의 회의와 동의로 결정되어야 하노라"

"진리는 사랑이니, 사랑의 대상은 사람이요, 그 사랑은 그 대상의 상처를 감싸는 것이니라."

리안은 그 문장들이 단순한 설명이나 논증이 아니라, 하나의 선포로 쓰였다는 것을 알고 있었다. 그것은 시대마다 언어를 달리하며 반복되어 왔고, 결국 하나의 정신으로 도시 전체에 새겨지고 있었다.

그 정신은 스스로를 감추지 않았다. 오히려 확신에 찬 목소리로 외치고 있었다. 진리는 외부에서 오는 것이 아니며, 사람의 생각과 감정 안에서 완성될 수 있으며, 기준은 하늘이 아니라 사람의 뜻과 동의로 세워져야 한다고 강하게 주장하고 있었다.

그는 점점 더 분명히 느끼기 시작했다. 이 도시는 사람들의 사고를 조율하고 있었고, 의식을 통제하는 방식으로 작동하고 있었다. 예배의 시간은 정확하게 반복되었고, 거리마다 흘러나오는 기도 소리는 일정한 박자처럼 퍼져 나갔으며, 회당의 강해는 늘 경전의 본질과는 다른 내용을 되풀이하고 있었다.

그 안에서 생명은 움직이지 않았고, 진리는 더 이상 들리지 않았고, 하늘은 아무 대답도 하고 있지 않았다.

리안은 날마다 침묵 속에서 익숙한 골목과 넓은 길을 천천히 지나갔다. 주변 사람들은 그를 스쳐 지나갔지만 아무 말도 하지 않았고, 리안도 그저 묵묵히 걷기만 했다.

경전이 사람을 변화시키고 삶을 새롭게 한다는 말은 리안에게 익숙한 말이었다. 수없이 들어왔고, 실제로 어떤 구절들은 위로를 주었으며, 때로는 삶의 방향을 제시해 주는 듯 보이기도 했다.

그러나 돌아보면, 그가 접해온 경전은 언제나 단편적인 것이었다. 어떤 주제, 한 구절, 감동적인 설교의 한 대목 같은 부분적인 조각들만을 받아들이며 살아왔고, 그 조각들이 전체 안에서 어떤 자리를 차지하는지까지는 생각해 본 적이 없었다.

그러다 어느 날 문득, 그는 스스로에게 질문하게 되었다.

그 조각들이 과연 하나의 이야기로 이어질 수 있는 것인지. 만약 경전 전체가 처음부터 끝까지 하나의 의도와 흐름을 따라 이어지고 있다면, 나는 그 전체를 제대로 본 적이 있었던가.

배운 것은 많았지만, 그 모든 배움이 실제로 하나의 연결된 이야기 안에 있었는지를 진지하게 묻기 시작한 건, 불과 최근의 일이었다.

어느덧 하늘은 붉게 물들고 있었다. 매일 저녁 보이는 노을이었지만 오늘의 그 붉음은 마치 무언가를 알리는 신호처럼 보였다. 그러나 그는 그것이 무엇을 뜻하는지는 알 수 없었다. 다만 그 신호를 바라보고 있었고, 바라보면서도 걸음을 멈추지 않았다. 이유를 알 수 없는 긴장이 그 안에 천천히 스며들고 있었다.

그러던 중, 한 쪽 길 모퉁이에서 들려온 낮은 목소리가 그의 발걸음을 멈추게 했다.

"서번에서 온 사람이 오늘 저녁에 경전을 쉽게 읽는 방법을 알려준대요. 어떻게 읽으면 좋은지, 전체적인 흐름은 어떻게 잡는지… 이름이 트루드라고 했던가?"

"해석을 따로 하는 건 아니고, 그냥 경전을 어떻게 접근하면 좋은지 알려주는 거래요."

그들의 이야기 속에 나온 지명, 서번은 사르그에서 멀리 떨어진 외곽 마을이었다. 사람도 많지 않았고, 지리적으로도 외진 곳에 자리해 있어, 이름조차 아는 이가 드물었다. 광야를 지나야만 닿을 수 있는 위치였고, 도성 사람들 사이에서는 거의 언급되지 않는, 관심 바깥의 지역이었다.

그런 마을에서 누군가가 왔다는 말에, 리안은 무심코 걸음을 멈췄다. 누가 전하든, 어디서 왔든 상관없었다. 어디선가, 조금이라도 흐름이 보이기 시작하길 바랐고, 그 시작이 되어줄 수 있다면 무엇이든 괜찮았다.

정리되지 않은 채 흩어져 있던 경전의 이야기들을, 처음부터 다시 보고 싶었다. 무언가를 잘못 배웠다고 말할 수도 없었고, 누군가가 틀렸다고 단정할 수도 없었지만, 그 모든 조각들 사이에서 설명할 수 없는 답답함이 마음속을 자꾸 맴돌고 있었다.

그것을 경전 통독이라 부르든, 역사적 흐름이라 부르든, 막막한 마음속에 아주 작은 실마리라도 붙잡고 싶었고, 그 흐릿한 안개 속에서 처음으로 경전의 전체를 보고 싶다는 갈망이 분명하게 떠오르고 있었다. 그는 경전 전체가 무슨 이야기를 하고 있는지를 알고 싶었다.

시작 시간이 임박해 서둘러 그 곳을 향해 걷는 동안, 그의 마음은 점점 무거워졌다. 이전에 들었던 설교들이 마음에 남지 않았던 시간들이 떠올랐고, 배웠던 것들이 흩어졌던 순간들이 하나씩 스쳐 지나갔다. 설명은 많았지만, 그것이 삶을 바꾼 적은 드물었다. 감동은 있었지만, 오래 가지 않았다. 그는 스스로도 말로 다 설명할 수 없는 마음으로 조용히 기도했다.

'이번에는 진리를 알고 싶습니다. 이번에는 변하지 않는 진리를 알고 싶습니다. 무엇이 진리의 본질인지, 어디서부터 잘못 걸었는지 분명히 알게 해주십시오.'

그의 기도는 모든 걸 깨닫게 해달라는 기도가 아니었다. 다만, 단서라도 좋으니 진짜를 만나고 싶다는 간절한 마음이었다. 지금까지 자신이 붙잡아온 것들 가운데 무엇이 진짜였고, 무엇이 진리의 껍질만 닮았던 것인지 분별되기를 바라고 있었다.

물론, 이전에도 이런 기대가 없었던 것은 아니었다. 그 갈급함 속에서 그동안도 많은 사람들이 이곳을 지나며 경전을 가르쳤고, 리안 역시 그 자리에 몇 번이고 참석했었다. 그러나 그 말들이 그의 마음을 꿰뚫지는 못했다. 결국 그는 늘 같은 자리에서 돌아서곤 했다.

이번에도 실망할지 모른다는 두려움은 여전히 있었다. 그러나 이번만큼은 다르기를 원했다. 아니, 정말 달라지기를 원했다. 왜냐하면 지금 느끼고 있는 이 갈망은 단순한 지적 호기심이 아니었기 때문이다. 만나지 못하면 죽을 것 같은 갈증이었고, 이제는 진리를 만나지 못하면 자신의 영혼이 안으로부터 무너져버릴 것 같은 절박함이었다.

그의 마음 깊은 안쪽에는 살을 찌르는 듯한 공허함이 각을 세우고 있었고, 그 각은 점점 좁혀져 오고 있었다. 더 이상 피할 수 없다는 것을 그는 알고 있었다. 그래서 이번만큼은, 누가 전하든, 어떤 방식이든 상관없이, 그것이 살아있는 진리라면 들어와 자신을 흔들고 이끌어주기를 바라고 있었다.

드디어 모임장소 문 앞에 도착했다. 입구 현관문에는 『경전 통독회: 트루드 인도』라는 안내문이 작은 바람결 속에서 그의 눈앞에서 가만히 흔들리고 있었다.

리안은 한동안 그 종이를 바라보다가 조심스럽게 문을 열었다. 낮은 조명이 오래된 공간을 부드럽게 감싸고 있었고, 안에는 스무 개 남짓한 자리가 놓여 있었다. 대부분의 자리는 이미 조용히 채워져 있었고, 리안이 들어오기 직전에 도착한 듯한 몇몇 사람이 숨을 고르고 있었다.

사르그의 여러 지점에서 온 사람들이었다. 특별히 눈에 띄는 사람은 없었고, 서로를 의식하지도 않았다. 다들 각자의 기대와 갈망을 안고 자리에 조용히 앉아 있었다.

누군가는 경전을 처음부터 끝까지 구조적으로 이해하고 싶어서 왔고, 누군가는 오래 품어온 신앙의 질문 하나를 풀 수 있을까 하는 기대를 안고 자리에 앉아 있었다. 젊은 시절부터 회당에서 본문을 외워온 이도 있었고, 오랜 시간 회당 구석에서 홀로 경전을 베껴온 이도 고개를 숙이고 있었다.

리안은 마음을 가라앉히고 조용히 뒷자리에 앉았다.

고요한 침묵 속에서 모두가 강의가 시작되기를 기다리고 있었다.

드디어 모임을 주최한 듯한 한 사람이 앞으로 나와 오늘의 강사를 소개하자, 앞자리에 다소곳이 앉아 있던 한 사람이 앞으로 나왔다. 사람들이 '트루드'라 부르는 인물이었다. 처음 보는 사람이었지만, 이상하게 낯설게 느껴지지는 않았다.

회색빛의 수수한 옷을 걸치고 있었고, 햇빛에 그을린 얼굴은 마르고 주름졌으며, 오랜 시간 들판을 걸어온 흔적이 서려 있었다. 손은 거칠었고, 눈빛은 깊었다.

시골 사람 특유의 기운을 풍겼고, 경전을 손에 들고 있었다.

리안은 그저 한번 들어보겠다는 마음만으로 이 자리에 온 것이 아니었다. 지금 이 자리에서, 지금 이 사람의 입을 통해 숨겨진 진리가 깨어날 수 있을지를 간절히 기대했다. 가슴속에서는 설명할 수 없는 떨림이 천천히 피어오르고 있었다.

이윽고 트루드는 천천히 고개를 들었다. 회색 외투의 깃이 조용히 움직였고, 그의 시선은 마치 모든 사람을 동시에 바라보고 있는 듯한 느낌을 주었다.

"하늘의 진리는 이론이 아니라 살아 계신 인격입니다."

그 첫마디가 공기를 가르고 리안의 귓가에 닿았을 때, 마치 큰 종을 강하게 때렸을 때 나는 그 진동이 그의 가슴 깊은 곳까지 파고들었다.

트루드는 말을 이었다.

"말씀은 단지 여러분이 연구하거나 분석하거나 공부하는 개념이 아닙니다. 진리는 살아 계신 분이시고, 인격이십니다. 모든 계명은 종교적 규칙이 아니라, 그분의 육체의 한 부분이며, 그분의 말씀 안에서는 그분의 피가 흐릅니다. 그분은 인격이시기에 우리는 그 진리를 다스리는 존재가 아니라, 그 진리 앞에 무릎 꿇고 다스림을 받아야 할 존재입니다."

그 말이 조용한 공간을 가르며 퍼질 때, 리안은 미세한 숨을 들이켰다. '진리는 인격이다' 라는 말이 귓가에서 맴돌았고, '우리가 진리 앞에 무릎 꿇고 다스림을 받아야 할 존재' 라는 말이 마음 깊은 곳에 조용히 스며들었다. 오랫동안 침묵하고 있던 그의 내면 한 구석이 어떤 채워짐으로 가볍게 떨리는 것이 느껴졌다.

입술은 약하게 움직였고, 손끝은 천천히 움츠러들었다. 그 말은 단순한 설명이나 감정이 아니라, 설명할 수 없는 울림을 남기고 있었다. 자극이 아니라 침투였고, 의지를 흔드는 소리가 아니라, 멀리서 자신을 바라보는 시선처럼 조용히 다가오고 있었다. 리안은 그것을 해석하려 하지 않았고, 결론 내리려 하지도 않았다. 다만 그 자리에 그대로 머물며, 조용히 듣고 있었다.

잠시 침묵이 흘렀다. 마치 모두가 그의 입술에서 나올 다음 말을 숨죽이고 기다리고 있는 듯했다. 그리고 트루드는 한 걸음 앞으로 나아갔다. 그의 눈빛에는 단 한 점의 흔들림도 없었다.

"여러분, 하늘의 진리는 실제로 살아 계십니다. 그분은 단지 살아 계신 것이 아니라, 목적을 가지고 움직이십니다. 그 진리는 어떤 칼보다도 예리하십니다. 혼과 영을 가르시고, 관절과

골수를 쪼개며, 마음 깊숙이 숨겨져 있던 더러움과 오염, 죄의 암덩어리를 드러내시는 분이십니다.

이 수술 없이는, 어떤 죄인도 새로운 생명을 하늘로부터 이식 받을 수 없습니다. 그 생명은 단순히 예배에 참석한다고 생기는 것도 아니고, 오래 기도한다고 얻어지는 것도 아니며, 종교생활을 열심히 하고 선하게 산다고 주어지는 것도 아닙니다.

그 모든 것은 인간의 행위일 뿐이며, 진리의 생명을 이식받을 수 있는 도구가 될 수 없습니다. 오직 하늘의 진리, 그분의 날카로운 칼을 통한 수술을 통해서만 가능합니다. 죽은 심장에는 반드시 살아 있는 심장이 이식되어야 하며, 그 심장은 곧 하늘의 아들, 살아 계신 진리의 인격 그분의 심장이어야만 합니다."

그의 목소리는 점점 높아졌고, 말이 퍼지는 공기의 밀도도 점점 더 짙어졌다. 말의 형식은 단순했지만, 그 안에 담긴 힘은 훈련된 말솜씨가 아니라, 오랜 시간 동안 속에서 불타며 걸러진 깊은 불의 느낌이었다.

청중들은 조용했지만, 고요하지는 않았다. 누군가는 등을 젖히며 시선을 피했고, 누군가는 손을 움켜쥔 채 의자 끝에 더 깊이 몸을 묻었다. 어떤 이는 눈을 감고 고개를 끄덕였지만, 표정은 오히려 복잡해 보였다. 또 다른 이는 잠시 숨을 멈추었다가, 천천히 눈꺼풀을 깜빡였다.

누군가는 멍하니 한 지점을 바라보았고, 또 다른 이는 애써 아무렇지 않은 표정을 지으려 했지만, 입가가 미세하게 떨렸다. 모두가 조용히 있었지만, 그 침묵은 평온이 아니라 긴장이었다. 그 공간에는 감동보다는 충격이 퍼지고 있었다.

그러나 그 와중에도, 피곤했는지 고개를 숙이고 조는 사람도 있었다. 그는 지금 이 공간을 가로지르는 진리의 검과 불이 자기 곁을 지나가고 있다는 사실을 전혀 알지 못한 채, 그저 하루의 피로를 의자에 기대고 있었다.

하지만 리안은 트루드를 정면으로 바라보고 있었다. 눈빛은 차분했지만, 그 안에서는 말로 설명할 수 없는 뜨거운 감정이 움직이고 있었다. 지금까지 어떤 때에도 느끼지 못한 깊은 집중이 일어나고 있었고, 트루드의 입에서 나오는 말 한마디 한마디에 온 마음이 이끌리고 있었다.

리안은 이해하려 애쓰지 않았다. 분석하려 들지도 않았다. 그는 지금, 말을 듣고 있는 것이 아니라, 마치 목이 말라 물을 마시는 사람처럼 말씀을 마시고 있었다. 오랫동안 기도하며 기다렸던 바로 그 순간, 마침내 생명이 있는 무언가가 그의 안으로 들어오기 시작한 것이었다.

심장은 빠르게 뛰고 있었다. 그것은 감동이 아니라 각성이었고, 감정이 아니라 설명할 수 없는 어떤 부름이었다. 무엇을 믿는다 말할 수도 없었고, 어디로 가야 한다 말할 수도 없었지만, 단 하나, 지금 이 자리에 그토록 찾던 진짜가 있다는 것만은 부정할 수 없었다.

입술은 애타는듯 살짝 말랐고, 손은 무릎 위에서 미세하게 떨렸다. 그는 움직이지 않았지만, 안에서는 수많은 감각이 부서지고 엎어지고 다시 일어나고 있었다.

그는 지금까지 살아오며 한 번도 누군가의 말을 이렇게 목숨처럼 들은 적이 없었다.

트루드의 말은 그를 위로하지도 않았고, 동의를 구하지도 않았다. 하지만 이상하게도, 그 말이 들어올 때마다 살 것 같았다. 한 마디, 한 문장이 마음속 깊이 파고들 때마다, 그는 속으로 절규하듯 외치고 있었다.

"맞아… 맞아… 제발, 더 말씀해 주세요… 거기서 멈추지 말고…"

그 자리에 앉아 있었지만, 마음은 이미 일어나고 있었다. 그의 안에 불이 붙고 있었고, 그것은 잠시 후에 무언가를 향해 반드시 움직이게 만들 불씨였다.

트루드는 멈추지 않고 곧장 다음 말을 이어갔다. 목소리는 오히려 점점 또렷해졌고, 눈빛은 한 점 흐트러짐 없이 타올랐다.

"여러분, 결코 무너짐이 없이는 세워짐도 없습니다. 회복은, 허무는 것에서 시작됩니다. 하늘에 계신 분께서 옛 선지자에게 주신 첫 명령을 기억하십시오.

'너는 이 백성에게 가서 내 말로 그들을 파괴하고, 무너뜨리고, 뽑고, 멸하고, 그 후에 심고 세우라…' 이것이 바로, 진리의 씨앗이 심겨지는 순서입니다. 먼저 여러분의 내면의 법, 곧 타락한 인간 안에 세워진 죄의 법이 무너지고, 파괴되고, 뽑혀야 새로운 씨앗이 심깁니다."

그 말이 떨어지자, 리안은 깊은 한 숨을 쉬며 눈을 내리깔았다. 아무도 그를 쳐다보지 않았지만, 그는 안쪽 깊은 곳에서 거센 물결이 솟구쳐 오르는 것을 느끼고 있었다. 심장이 뚫린 듯했다. 아니, 정확히 말하자면, 오래전부터 무언가에 짓눌려 있던 그 안쪽이 마침내 깨지고 있었다. 트루드의 말은 단순한 논리도, 지적인 전달도 아니었다. 그것은 마치 사슬이 끊어지는 금속음처럼, 리안의 내면에 오래도록 매여 있던 무언가를 찢고

들어오는 검이었다.

'내면의 법이 곧 죄의 법' 그 단어 하나가 그의 의식을 전부 빨아들이고 있었다. 그건 단지 관념이 아니었다. 그것은 사르그에서 그가 자라면서 들었던 모든 설교와 모든 교육의 핵심이었고, 사람들이 의무감처럼 암송하던 삶의 구조였고, 도시의 기초를 이룬 보이지 않는 헌장이었다.

그는 그것을 한 번도 진지하게 의심한 적이 없었다. 아니, 의심하려고 해도, 의심 자체가 죄라는 식의 말을 듣고 자랐었다. 사르그는 그 내면의 법을 '공동체를 위한 의무'라 말했으며, '하늘의 뜻을 내면에 새기는 거룩한 길'이라 주장했었다.

그러나 지금, 트루드는 그 법을 무너뜨려야 한다고 말했다. 파괴하고, 뽑아야 한다고 단언했다. 그것이 곧 죄의 법이라는 선언이었다. 그 말이 떨어지자, 리안은 심장이 찢어지는 듯한 통증을 느꼈다. 도시 중심부 석상 앞, 돌판에 새겨져 있던 그 문장:

"네 내면의 법이 곧 너의 법이다."

지금까지 굳게 따라야 할 진리로 여겨왔던 그 법, 그러나 그것이 바로, 자신을 지배해 온 죄의 법이었음을 이제서야 깨달았다.

그것은 단지 하나의 문장이 아니었다. 그것은 사르그의 중심이었고, 교육의 근간이었으며, '옳다'고 여기며 내려온 모든 판단의 기준이었다. 그는 내면의 법을 따르는 것이 신앙이라 믿어왔고, 하늘의 뜻에 가까운 삶이라 여겨왔다. 그런데 지금, 그 모든 구조가 무너져야 할 죄의 기초라는 사실이, 가차 없이 그의 중심을 내리치고 있었다.

숨이 가빠졌고, 손끝은 싸늘하게 식었다. 그는 자기가 붙잡고 있던 모든 신념들이 안에서부터 무너지고 있음을 느꼈다. 한 줄기 눈물이 볼을 타고 흘렀다. 그것은 단순한 감정의 반응이 아니었다. 자신을 지탱해 오던 토대가 무너지는 순간, 그 깊은 울림이 눈물로 흘러나오고 있었다.

지금껏 자신이 신앙이라 믿고 쌓아왔던 것들이, 오히려 진리를 가로막는 강한 벽이었음을 깨달았다. 감정과 경험, 양심 위에 세워졌던 내면의 구조는 말씀 앞에서 무너져야 할 피조물의 성이었다. 그는 자신이 따랐던 모든 길이, 결국 죄였다는 사실 앞에 무너졌다.

트루드의 말은 계속 이어지고, 리안의 안에서는 이미 전쟁이 벌어지고 있었다. 진리와 내면의 법이 정면으로 충돌했고, 그 안에서 그는 쓰러졌다. 그러나 그 쓰러짐은 절망이 아니었다. 오히려 그 기초의 흔들림은 지금까지의 삶을 정리하고, 새로이 시작해야 한다는 어떤 강한 부름처럼 다가오고 있었다.

÷ ÷ ÷ ÷ ÷

트루드의 설교가 한층 깊어지며 또 다른 문장이 그의 가슴을 꿰뚫었다. "심기기 위해서는 먼저 뽑혀야 한다"는 그 말이, 이전과는 다른 차원의 생각을 불러왔다. 바로, 그가 이전에 꾸었던 꿈이었다.

그 꿈에서 그는 네 개의 밭을 지나는 동안, 각각의 밭과 같은 사람들을 만났었다. 길가처럼 단단히 굳어 말씀을 받아들이지 못하는 사람도 있었고, 흙 속에 돌이 숨겨져 있어 기쁨으로 받되 뿌리를 내리지 못하는 이도 있었으며, 가시덤불이 얽혀 있어 세상의 염려와 욕망에 말씀을 질식시키는 사람도 있었다. 그리고 마지막, 부서지고 무너져 부드럽게 된 흙과 같은 사람을 만났었다. 그는 조용히 리안에게 자신의 무너짐의 과정을 고백했고, 진리가 심긴다는 것이 무엇을 의미하는지 삶으로 증언하고 있었다.

트루드의 설교가 계속되자, 리안은 그때의 꿈이 단순한 상징이 아니라는 것을 처음으로 깨달았다. 그 마지막 밭에서 만났던 사람, 좋은 흙과도 같았던 구디라는 인물이 했던 고백이 다시금 되살아나고 있었다. 그는 단지 죄를 후회한 것이 아니라, 자신의 내면에 구조처럼 자리잡은 죄를 직면했고, 그 중심에 스스로가 앉아 있었음을 인정하며 무너졌다고 고백했었다. 그리고 그 무너짐 이후에야 진리가 비로소 임하였다는 사실을 담담한 목소리로 전하고 있었던 것이다.

지금 트루드의 설교는, 그 고백의 내용과 정확히 일치하고 있었다. 그의 말은 격렬하지 않았지만, 그 속에 담긴 질서는 분명했다.

깨어짐, 무너짐, 뽑힘, 그리고 심겨짐.

리안은 그 흐름이 단순한 절차가 아니라는 것을 느끼고 있었다. 그것은 진리가 한 존재 안에 실제로 자리를 잡기 위해 반드시 지나가야 하는 하늘의 질서였고, 누구도 그것을 건너뛸 수 없다는 사실이 내면 깊은 곳에서 뼈에 사무치듯 새겨지고 있었다.

자리에 앉아 있던 리안의 생각은 더 깊은 곳으로 향했다. 꿈 속의 마지막 밤, 그리고 그곳에서 구디가 고백하던 그 순간이 지금, 설교의 흐름과 함께 다시 살아나고 있었다. 회개의 깊은 자리로 내려가 죄의 구조를 마주했고, 자기 내면의 법이 무너지는 자만이 진리의 통치를 경험할 수 있다는 구디의 고백이, 지금은 단지 꿈이 아니라 현실의 울림으로 다가오고 있었다.

그는 말하지 않았지만, 마음 안쪽에서 아주 작고도 분명한 깨달음이 일고 있었다. 설명할 수 없는 어떤 실금이 자기 내면 깊은 곳에서 시작되었고, 그것은 분명히 오래된 자기라는 구조의 기반을 흔들고 있었다. 그 흔들림은 조용했지만 진짜였고, 격렬하지 않았지만 본질에 닿아 있었다. 그 침묵 가운데, 그는 마음 깊은 곳에서 더 이상 부정할 수 없는 사실 하나가 자리 잡는 것을 느꼈다. 그것은 모든 걸 다 이해해서가 아니었다. 다만, 지금까지 붙잡고 있던 자기 안의 기준이 무너지고, 더는 그것을 지킬 수 없다는 걸 깨달았기 때문이었다. 그리고 그 깨달음 앞에서 조용히 무릎 꿇을 수밖에 없었다. 바로 그 무릎 꿇음이, 진리를 향한 첫걸음이었다.

÷ ÷ ÷ ÷ ÷

트루드는 천천히 시선을 들어 청중을 둘러보았다. 눈빛은 흔들림이 없었고, 어조는 낮지만 깊게 울렸다.

"여러분, 우리 안에는 두 종류의 죄가 존재합니다. 하나는 여러분이 알고 계신 육신의 죄입니다. 그러나 그보다 더 깊고, 더 무서운 죄가 있습니다. 바로 우리를 통치하는 죄이며, 그것은 여러분의 자아처럼 움직입니다."

리안은 자신도 모르게 숨을 삼키며 자세를 고쳐 앉았다. 그의 등 뒤에는 미세한 땀이 맺히기 시작했고, 눈은 정면을 향해 있었지만, 시선은 점점 더 안쪽으로 파고들고 있었다.

"자아처럼 움직이는 이 죄는, 육신의 죄와는 다르게 여러분의 생각을 지배하며, 진리를 대적하도록 움직이는 실체입니다. 육신의 연약함이 진리를 막는 것이 아니라, 여러분 안에서 왕으로 군림하는 그 죄의 통치가 진리를 거부하는 것입니다."

그 한마디가 리안의 가슴 깊은 곳에 메아리쳤다. 그 말은 멀게 느껴지지 않았다. 오히려, 지금까지의 생각과 삶의 방식 속에 이미 그 구조가 그대로 담겨 있었음을 깨닫기 시작했다. 그는 단 한 번도 그것을 '죄'라 부른 적이 없었지만, 자신 안에 기준과 법과 질서를 세워 스스로를 통치하며 살아왔다는 사실이 반박할 수 없는 진실로 떠오르고 있었다.

"우리 깊숙한 곳에는 '나, 곧 죄'가 주인이 되어 있는 왕좌가 있습니다. 거기 앉아 있는 자는, 자신이 만든 기준과 자신이 만든 법과 질서를 따라 스스로를 다스리고, 스스로를 의롭다 여기며, 스스로를 구원하려 합니다."

그 말이 이어지자, 리안의 머릿속이 순간적으로 하얘졌고,

턱 끝이 떨리기 시작했다. 지금껏 자신이 지켜온 것들, 도시 사르그에서 당연하게 여겼던 질서와 법, 경건과 정의, 행동의 정당성까지, 그 모든 것이 지금, "죄가 만든 왕국"이라는 말 앞에서 송두리째 흔들리고 있었다.

트루드는 멈추지 않았다. 마치 누군가의 숨겨진 구조를 꿰뚫어 보듯, 끊임없이 깊은 곳을 향해 말을 이어갔다. 그의 음성은 점점 더 또렷해졌고, 단어 하나 하나가 곧 칼날처럼 선명하게 다가왔다.

"하지만 그 왕좌에 진리를 거스르는 '죄'가 앉아 있는 한, 결코 진리의 씨앗은 심겨질 수 없습니다. 왜냐하면 그 씨앗이 심겨져야 하는 자리는 그 죄가 통치해 오던 바로 그 자리이기 때문입니다. 그 자리는 단지 깨끗해져야 하는 공간이 아니라, 원래 진리가 주인으로 앉으셔야 했던 자리입니다. 우리는 그 자리를 죄에게 빼앗겼고, 죄는 그 자리에 앉아 우리를 통치하며 진리가 들어오지 못하도록 진리를 대적하고 있습니다. 그렇기 때문에 그 자리는 결코 둘이 나눠 앉을 수 없는 자리입니다. 진리가 임하시기 위해서는 먼저, 그 자리에 앉아 있는 죄의 통치를 무너뜨리고, 그분께 그 자리를 온전히 돌려드려야 합니다."

그 말에 리안의 마음 깊은 곳에서 갑작스레 뜨거운 무언가가 분출되었다. 입을 다물고 있었지만, 그 열기는 그의 가슴을 타고 올라와 무겁게 눌려 있던 무언가를 안쪽에서 밀어올렸다.

트루드의 목소리는 단호했지만 무섭게 들리지 않았다. 마치 정확한 진실을 알고 있는 사람이 조용히 말하는 것처럼, 그 말은 오히려 리안의 마음속 깊은 곳까지 스며들었다.

그 자리. 자신이 왕좌라 여겼던 내면의 중심. 그곳이 진리의 자리며, 그곳을 진리에 내어줘야 한다는 말이 조용히, 그러나 뼈에 사무치듯 날카롭게 다가오고 있었다.

트루드는 잠시 침묵하듯 시선을 멀리 두었다가, 다시 천천히 말을 이었다. 그 어조는 변함없었지만, 그가 전하는 메시지는 점점 더 깊은 근원을 향해 들어가고 있었다.

"죄가 만들어놓은 법과 기준과 질서 아래서 우리가 아무리 착하게 살아도, 아무리 바르게 살아보려 해도, 그 왕좌가 무너지지 않으면, 하늘의 생명의 씨앗은 결코 우리 안에 뿌리내릴 수 없습니다."

트루드는 멈추지 않고, 더욱 깊은 차원으로 말을 이어갔다. 마치 뿌리 깊은 구조를 하나하나 파헤치듯, 그의 말은 내면의 중심을 향해 천천히 파고들고 있었다.

"그렇기 때문에 진짜 회개의 핵심은, 육신으로 범한 단순한 후회와 반성의 차원이 아니라, 주권의 교체입니다. 곧 죄의 주권이 전복되고 진리가 왕좌를 차지하는 것입니다."

트루드의 말이 선포되자, 리안의 가슴이 순간적으로 격하게 요동쳤다. 마치 속에서 무언가가 강하게 박차고 올라오는 듯했고, 그 떨림은 억제할 수 없는 깊은 울림으로 그의 안을 흔들기 시작했다. 마음속 어딘가에서 금이 가는 소리가 메아리처럼 퍼져나갔다.

그 쪼개짐은 무서웠지만, 더 이상 막을 수도 없었다. 그 틈으로 진리의 음성과 더불어 진리의 향기가 조용히, 그러나 너무도 선명하게 스며들고 있었다. 그것은 단순한 감동도, 눈물로 정리될 감정도 아니었고, 그의 존재 전체를 처음부터 다시 묻고 들어오는 '누군가'의 방문 같았다.

그는 지금까지 진리를 갈망하고, 찾고, 수많은 말들을 들으며 스스로 준비되어 있다고 여겼지만, 정작 그 진리가 임해야 할 '그 자리'가 어디인지는 단 한 번도 깊이 들여다본 적이 없었다. 자신의 마음 가장 깊은 중심에 무엇이 앉아 있었는지조차 모른 채, 언제나 진리를 바깥에서 붙잡으려 했고, 때로는 연구하며, 때로는 감동을 좇으며 살아왔던 시간들이 떠올랐다.

그러나 그 자리를 참된 진리 되신 분께 내어준 적은 없었다. 그 사실은 이제야 또렷이 보이기 시작했고, 그것이야말로 생명이 들어오지 못한 이유였음을, 그리고 지금까지 변화되지 못한 모습의 근본 원인이었음을 리안은 가슴 깊은 곳에서 천천히 알아차리고 있었다.

경전을 연구하며 지식을 좇던 자신, 갈급하다는 이름으로 경전의 조항들을 붙들던 지난날의 태도, 채워지지 않는 허기를 무엇으로든 눌러보려 했던 수많은 시도들이 떠올랐다. 그 모든 것이 결국은 자신이 주인이 된 구조 안에서, 경전을 '사용' 하려 했던 모습이었다는 자각이 그의 내면을 찌르듯 스쳐 지나갔다.

그는 아무말도 할 수 없었다. 그의 침묵은 두려움이나 수치심 때문이 아니라, 마음 한가운데를 이루고 있던 오래된 성 하나가 지금 금 가기 시작했기 때문이었다. 그 성은 태어날 때부터 존재해왔으며, 오랫동안 자신을 지켜준 신념이었고, 정의를 추구한다고 믿었던 기준이었으며, 진리를 향한다고 착각했던 방향성이었다. 그것은 아무 소리 없이, 그러나 확실하게 흔들리고 있었다.

마치 오래도록 닫혀 있던 비밀의 방이 갑자기 열리듯, 가슴 한복판에서 묵직한 무언가가 조용히 터져 나왔다. 지금 그의 내면에서는 말로 설명할 수 없는 일이 벌어지고 있었고, 그 울림은 감정을 넘어선 진리의 침투였다. 눈물이 솟구쳐 올라왔다. 그것은 단순한 감정의 반응이 아니었다. 그것은 진리와 처음으로 마주한 한 존재가 비로소 살아나는 순간이었다.

그는 지금까지 헤매고 있었다. 수많은 설교를 들었고, 지식을 좇았으며, 경건한 모양을 지키기 위해 애써왔다. 하지만 그 모든 갈망의 근원에는 지금 이 자리, 지금 이 말씀, 지금 이 진리가 있었음을 그는 이제야 온몸으로 깨닫고 있었다.

그토록 깊었던 갈증, 영혼 깊은 곳에서 죽어가던 갈급함, 그 모든 메마름이 지금 이 순간, 단 한 모금의 생수로 인해 무너지듯 해갈되고 있었다.

"이제야 찾았다…"

마음 깊은 곳에서 울려나온 그의 고백은 소리 내어 말한 것도 아니었지만, 그 어떤 외침보다 분명하고 뜨거웠다. 그는 깨닫고 있었다. 이 진리가 아니었다면, 이 말씀이 아니었다면, 자신은 결코 살아날 수 없었다는 것을.

그는 자신도 모르게 손을 움켜쥐었다. 마음 깊은 곳에서 무언가가 결단처럼 다가왔다.

'이 진리를 내가 꼭 붙들어야겠다. 이 말씀을 내가 절대로 놓쳐선 안 되겠다. 이 길을 내가 반드시 따라가야겠다.'

그 결단은 감정의 결정이 아니었다. 영혼 깊은 곳에서 처음으로 일어나는 진리와의 만남이었고, 항복이었다. 더는 자기 방식으로 진리를 설명하지 않겠다는 포기였으며, 더는 자신이 주인 된 왕좌에 앉지 않겠다는 내적인 무릎 꿇음이었다.

지금 그는 기초가 흔들리고 있었다. 그러나 그 흔들림은 파멸을 위한 흔들림이 아니었다. 그것은 처음으로 살아 있는 분 앞에 자신을 내어드리는 거룩한 해체였다. 부끄러움도 있었고, 두려움도 있었지만, 이상하게도 마음은 너무나 평안했다. 이제야 찾았다는 기쁨이, 이제서야 진짜를 만났다는 확신이, 그의 모든 감각을 가득 채우고 있었다.

그는 눈을 감았다. 그리고 아주 작게, 그러나 또렷하게 마음속으로 되뇌었다. "이제 알겠습니다… 이것이 진리였군요."

그는 자신이 지금, 처음으로 진짜 땅 위에 발을 디뎠다는 것을 알았다.

÷ ÷ ÷ ÷ ÷

그때, 트루드의 음성이 마지막으로 깊고 엄숙하게 울려 퍼졌다. 지금까지의 트루드의 설교가 리안의 내면을 무너뜨리며 씨앗이 자신의 밭에 떨어지는 과정이었다면, 이제 그의 입술에서는 마치 선언처럼, 더는 피할 수 없는 진리의 핵심이 전해지고 있었다.

"여러분이 진리 앞에 나아와 항복하신다면, 그 진리의 영이 여러분 안에 들어오셔서, 지금껏 여러분의 생각의 기초 위에 세워진 죄의 개념과 의의 개념, 그리고 심판의 개념을 책망하시며 무너뜨리실 것입니다. 왜냐하면 이제껏 여러분의 죄, 의, 심판의 개념은, 여러분이 만든 법과 기준에서 비롯된 것이었기 때문입니다.

진리는 인격이시며, 그 인격 안에서만 참된 죄가 드러나고, 참된 의가 선포되며, 참된 심판이 분명히 나타납니다. 그리고 그 기준은 사람들이 만들어 놓은 상황에 따라 변하는 법과 기준이 아니라, 영원히 흔들리지 않는 법과 기준입니다."

리안은 자리에 앉아 있었지만, 그의 영혼은 처참히 무너지고 있었다. 트루드의 말이 더 깊은 곳까지 파고들며, 그의 내면 깊은 구조를 하나씩 흔들기 시작했다. 그는 자신이 의지해왔던 모든 질서와 신념의 바탕이, 진리 위가 아니라 자신과 종교의 도시 사르그의 기준 위에 세워진 것임을 서서히 깨닫고 있었다.

그는 그동안 하늘을 사랑한다고 말하면서도, 실상은 복을 사랑하며 살아왔던 자신을 직면했다. 믿음은 신을 따르는 것이 아니라, 신을 수단 삼아 자아의 소망을 이루려는 마음이었고, 기도의 대부분은 그분의 뜻을 묻기보다는 자신의 바람을 강하게 요청하는 외침이었음을 부끄럽게 떠올리고 있었다. 기복주의는 그렇게 그의 마음 깊은 곳에서 자라났고, 그는 그 뿌리를 의심하지 않은 채 살아왔다.

인본주의는 더 교묘하게 스며들었고, 그는 자신도 모르게 그 안에 사로잡혀 있었다. 인간의 가능성과 따뜻함을 높이는 말을 사랑했고, 진리는 언제나 그 따뜻함의 배경으로 밀려나 있었으며, 진리의 기준이 아닌 사람의 감정이 중심이 되도록 끌어오고 있었다. 그는 자신이 옳다고 느낀 것을 진리라 여겼고, 그것이 다른 이에게 상처를 주지 않는다면 충분하다고 믿으며, 자신도 모르게 하늘의 기준을 상대화하는 삶에 익숙해지고 있었다.

율법주의는 오히려 거룩한 모습으로 가장되어 그를 오래 붙잡고 있었다. 그는 조항을 외우고 말씀을 나누며, 경건하게 살아가려 애썼지만, 그 모든 노력은 진리를 중심에 두지 않은 채, 스스로를 통제하고 규범 속에서 의로워지려는 자의적인 시도였음을 인정하지 않을 수 없었다. 그는 진리를 인격으로 받아들이기보다, 기준으로 다루었고, 그 기준을 지키는 것으로 의를 세우려 했던 스스로의 과거를 부끄럽게 바라보고 있었다.

또한 신비주의는 그에게 가장 매력적인 형태로 다가왔고, 그는 자주 감동을 따랐으며, 체험 속에서 진리를 찾으려 했다. 그러나 지금, 그는 깨닫고 있었다. 말씀이 부재한 체험은 진리를 담을 수 없고, 검증되지 않은 감정은 진리의 모양을 흉내 낼 수 있을 뿐, 결코 진리를 대신할 수 없음을.

그는 진리가 없는 열정이 사람을 망가뜨릴 수 있다는 말을 떠올렸다. 그 말은 그냥 외침이 아니었다. 그건 바로 자신이 직접 겪은 일이었다. 열심히 믿었지만, 결국 남은 건 허무함뿐이었다.

이제 모든 체계가 기초부터 흔들리고 있었다. 그리고 마침내 그 중심에는 언제나 자기가 있었다는 사실을 그는 정직하게 바라보고 있었다. 그는 자신이 중심이 되어 진리를 다루려 했고, 스스로의 기준 안에서 진리를 판단하려 했으며, 결국은 진리의 자리에 자신을 앉히고 있었음을 깨달았다.

그는 진리를 몰랐던 것이 아니었다. 진리를 주인으로 모시지 않았다는 사실을 인정하며, 그 순간 마음 깊은 곳에서 오래도록 버티고 있던 왕좌가 조용히 흔들리는 것을 느끼고 있었다. 그것은 감정의 폭발이 아니라, 구조의 흔들림이었고, 단순한 깨달음이 아니라, 내면의 주권을 되돌리려는 항복의 시작이 되어가고 있었다.

그는 진리를 처음 만났던 것처럼 떨리고 있었고, 동시에 진리를 놓치지 않겠다는 의지를 깊은 중심에서 움켜쥐고 있었다. 사르그의 신앙은 무너지고 있었고, 그의 안에 진리의 인격이 조용히 걸어 들어오고 있었다.

트루드는 잠시 숨을 고르고 조용히, 그러나 가슴을 찢는 말투로 덧붙이기 시작했다.

"종교 위에 세워진 죄와 의와 심판, 사람들이 만든 체제 위에 세워진 법과 기준이 무너지지 않는다면, 하늘에 계신 분이 이 땅에 오셔도 우리는 그분을 대적하게 될 것입니다."

공간이 고요해졌지만 그 고요함은 곧 긴장으로 바뀌었고, 트루드의 목소리는 뚫리지 않았지만 그 말이 가진 무게는 모든 심장을 조용히 짓누르고 있었다.

"왜냐하면… 옛적에도 그랬기 때문입니다. 종교인들이 자신들의 죄의 개념과 의의 개념, 그리고 심판 개념과 다르다는 이유로 하늘의 아들의 선포를 거절했습니다. 그분이 선포하신 종교 체계의 죄와 의와 심판에 대한 책망이 자기들과 맞지 않았기에, 그들은 결국 그분을 십자가에 못 박았습니다."

트루드는 한 발짝 뒤로 물러서며 천천히 마지막을 정리하듯 말했다.

"여러분, 만일 여러분 안의 내면의 법이 무너지지 않는다면, 이 일은 반복될 것입니다. 그리고 여러분이 꿈꾸는 그 나라, 그 하늘의 나라는 결코, 여러분의 것이 되지 못할 것입니다."

그 순간, 리안의 심장이 무너지고 있었다. 그것은 감정의 폭발이 아니라 존재 전체의 붕괴로써 그의 영혼을 감싸고 있었고, 지금까지 자신이 옳다고 믿어온 죄와 의와 심판의 잘못된 개념이 진리 앞에서 드러나고 있었다. 그는 자신이 진리를 거절해왔다는 사실을 처음으로 뼈아프게 깨달아가고 있었고, 자신이 만든 판단의 틀이 결국 진리를 죽인 그 자리와 같은 기반 위에 세워졌다는 자각이 그의 내면을 뒤흔들고 있었다. 사르그의 종교 체계가 포장한 기복과 인본과 율법과 신비의 구조가 자신 안에도 동일하게 존재해왔다는 사실을, 그는 이제 더 이상 외면할 수 없게 되었다.

"내가 나의 내면의 법을 기준으로 그분의 진리를 거절한 자였구나."

입술에서 새어나온 그 속삭임과 함께 그의 가슴속에 웅어리져 있던 눈물이 무너져 내렸다. 그것은 억눌렀던 감정이 아니라, 처음부터 그의 안에 있었지만 표현되지 못한 통곡이었다. 그 통곡은 단지 슬픔이 아닌 진리를 만난 자의 무너짐이었고, 거짓에서 빠져나온 자의 기쁨의 눈물이었다. 리안은 두 손으로 얼굴을 가리고 땅을 향해 고개를 숙였고, 그는 소리를 죽인 채 울기 시작했다.

트루드는 잠시 말이 없었다. 그리고 마침내, 마지막 말을 전하듯 천천히 입을 열었다.

"여러분, 종교와 신앙은 비슷해 보이지만 전혀 다릅니다. 종교는 사단이 교묘하게 진리를 모방해 만든 체제 위에 세워진 것입니다. 종교 체제가 겉으론 경건해 보이고 질서가 있으며 진리를 말하는 것 같지만, 그 뿌리는 진리에서 출발한 것이 아니라, 부패한 사람의 내면의 법에서 출발한 것입니다."

그의 음성은 잠시 멈췄다가 다시 단단하게 이어졌다.

"신앙은 다릅니다. 신앙은 하늘에서 내려온 영원하고 변하지 않는 진리 위에 세워집니다. 흔들리지 않는 기준, 시간과 문화와 사람의 해석을 넘어서는 살아 계신 진리의 인격 위에 세워집니다."

트루드의 눈빛은 더욱 깊어졌고, 그는 사람들을 바라보며 마지막 선언을 던졌다.

"그래서 종교는 종교를 해체시키려는 진리를 끊임없이 죽이려 합니다. 그리고 그 진리를 가진 자들을 핍박합니다. 만약 당장 이 종교 체제에 세워진 도시를 떠나지 않는다면 이 도시는 여리고처럼 무너지게 될 것이며, 이 도시에 거하는 모든 사람들은 멸망하게 될 것입니다."

÷ ÷ ÷ ÷ ÷

트루드의 설교가 끝났을 때, 공간은 이상하리만큼 무거운 정적에 잠겨 있었다. 아무도 쉽게 일어나지 못했다.

처음 자리를 박차고 일어난 이들은, 더 이상 듣지 않겠다는 듯 고개를 세게 젖혔다. 얼굴은 경직되었고 눈빛은 분명한 경멸로 물들어 있었다. 그들은 주변을 둘러보며 짧게, 그러나 독하게 쏘아붙였다.

"이건 위험한 말이야. 지금 저자는 체제를 뒤엎자는 거잖아."

"이건 선동이야. 이단이야. 질서를 해치는 말이야. 더 이상 들을 필요도 없어."

그들의 목소리는 낮았지만 날카로웠고, 속삭이기보다 경고하듯 퍼져 나갔다. 누군가는 이를 악물며 "어떻게 이런 말을 공공연히 할 수 있지? 감히 우리의 신앙을 부정해?"라고 중얼거렸다. 그 말 속에는 단지 불쾌함이 아닌, 현재 종교 체제에 대한 신념 깊은 곳에서 올라오는 분노였다.

그들은 조용히 나가는 것이 아니라, 의도적으로 등을 돌리고, 일부러 발걸음을 크게 내며 문을 쾅 닫고 강의실을 빠져나갔다.

처음 자리를 박차고 일어난 이들은 얼굴을 굳히고, 그 안에 오래 숨겨져 있던 불편함을 서슴없이 드러냈다. 말씀이 그들의 내면을 찌르기도 전에, 그들은 먼저 그 말씀을 공격하기 시작했다. 눈빛은 분노로 일그러졌고, 그 말은 조용한 회중을 향해 날카롭게 퍼져나갔다.

"우린 경전을 수십 년 읽었고, 수십 년 들어왔어. 시골에서 올라온 검증도 안 된 이런 자가 무슨 자격으로 우리 신앙을 책망하는 거야?"

그 말에는 두려움이 아닌 확신이 묻어 있었다. 누군가는 곁에서 비웃듯 중얼거렸다. "교인 수는 얼마나 돼? 그렇게 말하는 사람을 따르는 무리는 얼마나 되냐고. 그럼 수십만이 따르는 유명한 설교자들도 다 잘못되었다는 거야? 설마 그 수많은

지도자들이 다 진리를 모른다는 말이야?"

그들은 트루드의 말이 진리인지 아닌지를 묻지 않았다. 판단의 기준은 진리가 아니었고, 늘 그래왔듯 '얼마나 많은 이들이 따르느냐', '얼마나 오랫동안 인정받아 왔느냐'에 맞춰져 있었다. 그들에게 진리란 본질이 아니라, 다수가 선택한 경로였고, 오래된 전통이 보증하는 이름이었다.

그 안에 단단히 자리 잡은 생각은, 말씀이 다가오는 순간 이를 그대로 받아들이지 못하게 했다. 오히려 마음 깊은 곳에서 반항심이 올라왔고, 말씀은 부딪히며 튕겨져 나갔다. 진리가 중심에 오르는 일이 아닌, 체제가 흔들릴 수 있다는 두려움이 그들 안에서 먼저 반응했다. 말씀 앞에 무릎 꿇는 일은, 그들의 눈엔 신앙이 아닌 반역으로 비쳤고, 그 반역을 허락할 수 없다는 확신이 그들의 얼굴에 분노를 띠게 했다.

트루드의 선포는 그들에게 검처럼 날아왔지만, 그 검에 찔리기보다 먼저 방패를 들고 맞섰다. 조용히 등을 돌리는 대신, 세차게 고개를 흔들고는 분노로 자리를 떴다. 그들의 돌같은 마음은 씨앗이 떨어질 틈조차 없었다. 아니, 씨가 닿기도 전에 의도적으로 튕겨낸 것이었다. 마치 스스로 쌓아올린 성벽 안에서 말씀을 향해 돌을 던지듯, 그들은 그 말씀이 도달하지 못하도록 철저히 막아섰다.

그들 안에서 진리는 변화가 아닌 위협이었고, 회개가 아닌 체제의 붕괴를 의미했다. 말씀은 구조를 흔들었고, 구조는 곧 자신이었기에, 진리는 자신을 겨누는 공격으로 느껴졌다. 트루드는 진리를 선포한 자가 아니라, 자신들의 오랜 신념을 무너뜨리러 온 낯선 존재로 각인되었다.

그래서 그들은 떠났다. 말씀 앞에 선 것이 아니라, 말씀이 향한 그 자리를 피했다. 스스로 진리를 밀어낸 이들의 얼굴에는 회의가 아닌 자기 확신이 가득했고, 그 확신은 오랜 종교적 경험과 자의적 해석 위에 쌓인 의로움이었다.

말씀이 스며들기 전에, 그들은 이미 결론을 내렸다. "틀렸다." "위험하다." "우리와 맞지 않는다." 그것은 판단이라기보다 본능처럼 빠른 반응이었고, 진리에 대한 갈급함이 부족했던 그들에게 자신이 지켜온 체계를 향한 자동적 방어가 나온 것이었다.

그들은 사르그의 질서를 거스른 것이 아니라, 그 질서를 그대로 재현하고 있었다. 그들 안에는 이 도시의 기복과 인본과 율법이 뿌리내려 있었고, 트루드의 설교가 흔든 것은 단지 체제가 아니라 그들 자신의 내면이었다.

그래서 씨앗은 그들에게 머물 수 없었다. 씨는 분명히 던져졌지만, 뿌리내릴 땅이 없었다. 그들의 마음은 이미 단단하게 다져진 길가였고, 진리가 흘러들 자리는 처음부터 닫혀 있었다. 말씀은 잠시 머물 틈도 없이 밀려났고, 자라지도 못한 채 쫓겨났다. 그리고 그 쫓겨난 말씀은 결국, 길가에 떨어진 씨앗처럼 새가 와서 삼켜버렸다. 결국 진리는 그들에게 도달하지 못했고, 그들 안엔 아무 흔적도 남지 않았다.

÷ ÷ ÷ ÷ ÷

한편 모임 한 구석에서는 고개를 떨구며 눈물을 닦는 무리들이 있었다. 그들의 얼굴에는 격렬한 감정이 비쳤고, 한순간 마음 깊은 곳이 울렸지만, 오래 붙들지 못했다. 말씀은 마음에 닿았지만, 그 마음 안에 깊이 머물 자리는 없었다.

"말은 맞지⋯ 그런데 지금까지 우리가 쌓아온 모든 선한 것들이 잘못되었다는 건 받아들일 수 없어."

그 말은 마음속 깊은 저항이었다. 그들은 자기 안에서 정립된 정의와 선함이 무너지기를 원치 않았고, 오히려 그 구조에 동의하며 살아온 날들을 신실하다고 믿고 있었다.

그들은 누군가 실수하거나 약한 모습을 보이면 그것을 그냥 이해하고 넘어가는 것이 관용이라고 생각했다. 그리고 그런 태도를 사랑이라 믿었다. 그래서 진리의 기준보다 사람의 기분과 상황을 먼저 고려했고, 결국 스스로 만들어낸 사랑의 기준으로 진리까지 해석해버리는 데 익숙해져 있었다. 하늘의 기준은 점점 뒤로 밀렸고, 사람의 따뜻함이 진리보다 앞에 놓이게 되었다.

그래서 말씀이 닿을 때마다 감동은 있었지만, 결단으로 이어지지는 못했다. 뜨거움은 일었지만 오래 가지 못했고, 깊은 구조는 건드리지 못한 채 감정의 표면만 흔들렸다. 진리를 따르는 것보다 현실의 부담을 피하는 쪽이 더 익숙했으며, 변화는 이상적이지만 실행은 벅찼다.

말씀은 분명히 심기어졌지만, 그 땅은 얕았다. 겉으로는 흙이 있어 보였지만, 그 아래는 돌처럼 단단한 자기 기준, 곧 내면의 법이 가로막고 있었다. 감정 중심의 신앙, 자기 중심의 판단, 그리고 '서로 이해하자'며 진리의 기준을 낮추는 태도는 결국 말씀이 뿌리내릴 공간을 허락하지 않았다.

그렇게 진리는 뿌리내리지 못했고, 그들의 안에 살아 남지 못했다. 말씀은 한순간 고개를 내밀었지만, 현실의 태양이 떠오르자마자 시들었고, 말라버렸다. 결국 그들은 다시 일상으로 돌아가며 감동을 기억으로만 남긴 채, 생명의 변화는 얻지 못했다.

÷ ÷ ÷ ÷ ÷

또 다른 이들은 순간 눈빛이 뜨거워지기도 했다. 고개를 끄덕이며 가슴을 치기도 했고, 마음 어딘가에서 오래된 그리움이 일어나는 듯했다. 마치 말씀이 깊은 감정을 일으킨 듯 보였다. 어떤 이는 눈을 감았고, 어떤 이는 입술을 떨며 두 손을 모았다. 그러나 곧 머릿속 계산이 그 불을 끄기 시작했다.

"그래도 우리가 지금껏 쌓아온 것도 있고… 지금까지 들었던 말씀들도 결국 틀린 건 아니잖아… 이것도 그냥 또 하나의 해석일 수 있는 거지…"

그들의 마음은 겉으로는 부드럽고 촉촉해 보였지만, 안쪽에는 가시덤불이 얽혀 있었다. 그 가시들은 오래된 염려였고, 마음 깊은 곳에서 포기하지 못한 손해에 대한 두려움이었고, 사람들 사이에서 인정받아야 한다는 욕망이었다. 진리를 따르고자 하는 마음도 있었지만, 동시에 놓치고 싶지 않은 것들이 너무 많았다.

말씀은 분명히 뿌려졌고, 뿌리도 내리는 듯했다. 그러나 그 뿌리를 둘러싼 흙은 너무 좁고, 가시넝쿨이 너무 무성했다. 진리가 깊이 뿌리내리려 할 때마다 걱정이 그것을 감쌌고, 말씀이 자라나려 할 때마다 '그러면 나는 무엇을 얻을 수 있을까' 라는 생각이 그 기운을 막았다. 기복주의는 그렇게 조용히, 그러나 강력하게 진리를 질식시켰다.

그들은 진리를 원한다고 생각했지만, 실상은 진리를 수단으로 여겼다. 진리를 통하여 삶이 나아지기를 바랐고, 말씀이 주는 은혜가 곧 유익과 연결되기를 바랐다. 말씀을 받았지만, 말씀 자체를 목적으로 삼지는 않았다. 그 안에는 언제나 '무엇을 얻을 수 있는가', '내가 잃는 것이 있는가', '이대로 가면 손해를 보지 않을까' 하는 계산이 먼저 있었다.

그들은 처음엔 진리에 감동했고, 말씀 앞에서 무언가가 움직이는 듯했지만, 결국 삶의 방향은 바뀌지 않았다. 너무 많은 것을 붙잡고 있었고, 놓치고 싶지 않은 것이 있었고, 그 안에 심겨진 말씀은 자라기도 전에 다른 것에 감싸였다. 진리는 그 중심에 자리를 얻지 못했고, 주변에 머물렀다가 결국 눌려 꺾였다.

그들의 마음은 가시떨기 밭이었다. 겉으로는 말씀을 받을 준비가 되어 있었지만, 실제로는 그 마음 깊은 곳에 진리를 위한 공간이 없었다. 감동을 받는 순간은 있었지만, 그 말씀을 사랑하는 삶으로 바뀌지는 않았다. 왜냐하면 말씀은 계산과 염려, 세상의 욕심과 자기 삶의 중심이라는 가시넝쿨 사이에서 질식당하고 있었기 때문이다.

그렇게 그들은 뜨거워졌다가 금방 식었고, 흔들렸다가는 돌아서 버렸다. 진리와 현실 사이의 갈등 끝에, 결국 현실의 질서를 선택했고, 마음속 깊은 타협으로 스스로를 납득시킨 채, 아무 일 없었다는 듯 자리를 떠났다. 그리고 그들에게 남은 것은 말씀이 아니라, 다시 안정을 되찾은 기복적 체계였다.

그들 안에도 씨앗은 뿌려졌지만, 말씀은 그 안에서 살 수 없었다. 말씀은 그들에게 머물지 못했고, 결국은 그들의 욕망과 염려에 눌려 그 생명의 씨앗은 땅속에서 숨을 거두고 말았다.

÷ ÷ ÷ ÷ ÷

그러나 그들 사이에 조용히 남아 있는 자가 있었다. 그는 아무 말도 하지 않았고, 주변을 의식하지도 않았다. 그의 무릎은 바닥에 닿아 있었고, 손끝은 떨리고 있었다. 눈물은 멈추지 않았고, 얼굴을 감싸 쥔 두 손 사이로 흘러내렸다. 그 안에는 두려움도 있었지만, 멈출 수 없는 갈망도 함께 있었다. 그는 그 두려움이 자신을 무너뜨리려는 진리의 검 때문이 아니라, 자신이 이제까지 진리 없이 살아왔다는 사실 때문임을 어렴풋이 깨닫고 있었다.

그는 오래전 자신이 꾸었던 꿈의 마지막 밭을 떠올렸다. 부드럽고 갈라진 흙, 깊이 깨어진 땅, 그리고 그 속에서 들려왔던 어떤 고백. 그때는 그 고백이 무슨 의미인지 알지 못했지만, 지금 그는 그 고백이 자신의 것이었음을 알 것 같았다. 지금 그의 심장 깊은 곳에서, 마치 그 밭처럼 부서지는 소리가 들리는 듯했다.

리안은 여전히 말이 없었지만, 그의 눈빛은 분명히 바뀌어 있었다. 방황하던 시간들이 단지 혼란이 아니라, 이 한 자리를 위해 있었던 것 같았다. 그토록 공허했던 삶, 아무리 쌓아도 채워지지 않던 내면의 허기, 진리를 알기 전까지는 그 모든 갈증의 이유조차 몰랐던 시간들이 이제야 한 줄로 이어지기 시작했다. 그는 뜨거운 숨을 조용히 삼켰고, 천천히 몸을 일으켰다.

조용한 항복.

그것은 리안의 내면 깊은 곳에서의 진리 앞에 무릎 꿇는 결정이었다. 그는 그 길이 쉽지 않을 것이라는 것을 이미 알고 있었지만, 지금 그는 그 길 외에는 답이 없다는 것을, 그리고 그 길 외에는 생명이 없다는 것을 확신하고 있었다.

그의 심장은 부서졌고, 그 깨어진 틈으로 무언가 들어오기 시작했다.

진리였다.

뿌리가 소리도 없이 조용히 그의 중심으로, 엘루아의 이름이 있었던 자리로 내려가고 있었다. 그의 안에 처음으로 진리를 위한 자리가 생기고 있었고, 그 자리는 오랫동안 누구에게도 내어주지 못했던, 감히 열지 못했던 신의 자리였다. 그토록 오랜 세월 동안 무엇인가로 채우려 했던 내면의 법 위의 그 빈자리를 진리가 가만히 들어와 차지하고 있었다.

그러나 그의 내면 깊은 곳에는 여전히 진리를 반대하는 내면의 법이 자리하고 있었다. 마치 오래전부터 함께 살아온 '부모'가 딸이 만나는 남자를 못마땅하게 여겨온 것처럼, 그 법은 그가 진리를 향해 마음을 열기만 하면 어김없이 거부하고, 반대하며, 끊임없이 판단하고 있었다.

그 기준은 단순한 생각이 아니었고, 그저 과거의 습관도 아니었다. 그것은 마치 그를 낳고 길러낸 부모처럼, 삶의 방식과 태도를 결정해준 근본적인 질서였다. 그 내면의 법, 곧 그 기준과 질서는 처음엔 아무 말도 하지 않았다. 조용히, 마치 오래전부터 함께해온 부모처럼, 리안을 바라보고 있었다.

마치 딸이 처음으로 새로운 사랑을 만나 깊은 눈빛을 주고받을 때, 부모가 딸을 멀찍이 바라보며 아무 말 없이 뒤로 물러나는 장면처럼, 그 침묵은 수용이 아니라 경계였고, 그 정적은 허락이 아니라 내면의 긴장이었다. 겉으로는 평온했지만, 이미 거절은 시작되고 있었다.

그 침묵은 리안의 마음에 묘한 혼란을 일으켰다. "이게 맞는 걸까?" "지금 내가 사랑하게 된 이 진리는, 과연 안전한 걸까?" 리안의 내면에서의 그 오랜 세월 형성된 사고방식은 말없이 기억을 끌어내고, 감정을 흔들고, 과거의 안정과 익숙함으로 다시 그를 불러들이고 있었다.

그러나 그 침묵은 오래가지 않았다. 진리의 인격이 그의 안에서 점점 자리를 잡으려 하자, 진리와의 연합을 반대하는 그 '내면의 부모'는 마침내 말하기 시작했다. 부드러운 설득이 아니라, 강한 반대의 말들로 밀어붙이기 시작했다.

"너는 우리 안에서 자라왔다. 우리가 지금까지 너를 돌보고 지켜왔다. 네가 사랑하는 그 진리, 그것은 너의 삶을 흔들고 무너뜨릴 것이며, 너에게 조금도 도움이 되지 않을 거다. 그 진리는 지금껏 쌓아온 너의 선함, 질서, 성실함, 사랑들, 그 모든 것들을 부정하게 만들 것이다. 그 진리는 너와는 격에 맞지 않는다. 우리는 네가 힘들어지는 삶을 원하지 않는다."

그 목소리는 단순한 사고의 저항이 아니었다. 한 인격에 대한 거부였다.

진리의 인격을 향한, 개인적인 반발이었다. 그것은 사르그의 체제와는 격이 다른 광야에서 온 진리를 받아들이지 않겠다는 선언과 같았다. "그가 누구든 상관없다. 우리는 너의 인생을 힘들게 하는 모든 것들을 반대한다. 그가 결코 너를 행복하게 해 줄 수 없기 때문에, 그를 결코 받아들일 수 없다."

그 법은 리안의 내면에서 이제 말로, 감정으로, 심지어 죄책의 형태로 저항하기 시작했다.

"지금껏 너와 함께하고 너만을 사랑한 우릴 부정하고, 어떻게 한 번 만난 진리를 사랑할 수 있겠니? 그는 너를 힘들게 할 거고, 네가 너의 미래를 위해 저축한 돈도 다 거덜낼 게 분명해. 그는 외적으로 고운 모양도 없고, 우아함도 없으며, 흠모할 만한 매력적인 것도 없어. 그와 함께 하는 것은 곧 가난하게 살게 된다는 것을 의미해. 그를 위해 우리를 배신해? 네가 만나는 진리는 은혜도 모르고 사랑도 모른다고 하더냐?"

그 목소리는 외부에서 들리는 것이 아니었다. 그것은 오랜 시간 그의 내면을 지탱해온 기준과 체계, 그리고 익숙한 감정들이 만들어낸 소리였고, 지금껏 리안의 삶을 정의해온 법이 내는 정교한 저항이었다.

그 말들은 논리였고, 정당함이었으며, 동시에 사랑이라는 이름으로 포장된 굴레였다.

그러나 리안은 그 굴레 안에 스스로가 갇혀 있음을, 이제 천천히 인식하고 있었다.

그래서였을까. 그 말은 리안을 아프게 찔렀다. "이게 과연 옳은 결정일까? 지금까지 함께 해온 내면의 법을 버리는 것이 신이 정말 원하시는 걸까? 이게 죄가 되지 않을까? 그냥 남들처럼 사는 게 맞을까?"

진리를 사랑하고 있음에도 불구하고, 그 사랑을 선택하기 위해 지금까지 자신을 지키고 돌봐왔던 내면의 법을 버려야 한다는 죄책감이 리안을 휘감고 있었던 것이다.

그는 두 갈래 길 앞에 서 있었다. 오랜 부모의 음성과, 이제 막 들리기 시작한 진리에서 나오는 사랑의 향기와 음성. 전자는 익숙하고 정들었지만, 그의 안에는 특별한 향기가 없었으며, 후자는 낯설고 두려웠지만, 그 향기는 더욱 짙게 그의 영혼을 파고들고 있었다.

리안은 깊이 숨을 내쉬며 그 진실을 받아들이기 시작했다. 그 내면의 법은, 사실상 진리와 함께 거할 수 없는 존재였다. 그는 이제 알고 있었다. 처음의 침묵은 견딜 수 없을 만큼 무거운 저항의 예고였고, 지금의 반대는, 그가 진리를 정말 사랑하기 시작했음을 보여주는 증거였다.

그리고 그는 처음으로 오랫동안 함께해온 내면의 부모와 같은 존재에게 작별을 고해야 하지 않을까라는 사실을 받아들이기 시작했다. 진리로부터 오는 향기는 리안으로 하여금 더욱 그 사랑에 깊이 빠져들게 하였다.

그때 불현듯, 오래전에 꾸었던 꿈 하나가 그의 마음 깊은 곳에서 피어올랐다. 그 꿈은 너무도 생생했지만, 그동안 의미를 알지 못한 채 마음 한편에 묻어두고 있었던 장면이었다. 마치 지금의 감정과 현실을 조용히 예고하듯, 그 꿈은 그의 무의식 속에서 천천히 고개를 들고 있었다.

리안의 꿈속에서 도시의 중심 광장에서는 거대한 석상이 사람들의 마음의 자리에 이름을 새기고 있었다. '복의 엘루아', '사랑의 엘루아', '법의 엘루아' … 각기 다른 이름이 새겨졌고, 사람들은 그것이 자신의 신이라 믿었다. 자신의 욕망과 기준에 따라 엘루아를 정의했고, 그의 신에 따라 자신의 삶을 살아갔다.

그러나 그 가운데 단 한 사람, 마음에 어떤 이름도 새겨지지 않은 사람이 있었다. 사람들은 그를 바라보며 수군거렸고, 그 안에는 물음표 하나만이 남아 있었다. 그는 누구에게도 속하지 않았고, 그 어떤 신의 이름도 받지 못한 채 홀로 서 있었다.

그 사람을 바라보던 리안은 당시엔 이해하지 못했다. 그러나 지금, 그 꿈의 그 사람이 바로 자신이었다는 사실을 직면하고 있었다.

그는 처음부터 어떤 이름도 선택하지 못했다. 아니, 선택하지 않았던 것이었다. 복도, 사랑도, 법도 아닌, 아직 정의되지 않은 그 물음표. 그것은 방황이었고, 동시에 보호였다. 그는 한 번도 신의 이름이 기록될 자리에 어떤 다른 특정된 이름으로 고정하지 않았고, 그래서 그 자리는 지금까지도 특정한 엘루아의 이름이 기록되지 않은 채 비어 있었던 것이다.

그러나 이제, 그 자리에 진리가 들어와 신의 이름이 있어야 할 자리를 차지하고 있었다. 리안은 자신의 영혼 가장 깊은 곳에서 고백했다. "그 물음표의 인물이 바로 나였구나."

그 꿈은 예언이었고, 지금 이 순간을 향한 계시였다. 이제 그는 선택의 기로가 아니라, 계시의 자리 앞에 서 있었다. 복이 아닌 진리, 사랑이 아닌 진리, 법이 아닌 진리. 그것이 그 자리를 차지하지 않으면, 그는 또 다른 이름으로 자신을 정의할 수밖에 없었을 것이다.

그러나 지금, 그 이름 없는 자리, 가장 깊이 숨겨져 있었던 신의 자리에 진리가 들어오고 있었다. 그는 더 이상 엘루아를 자기 기준으로 부르지 않게 되었고, 이제 그에게 있어서 신의 이름은 진리가 되었다. 그러나 리안은 알고 있었다. 아직 그 진리는 자신의 내면의 법을 무너뜨리고 그 자리에 뿌리를 내려야 한다는 것을 알고 있었다. 진리가 뿌리를 내릴 수 있는 오직 한 가지는 리안이 진리를 사랑하는 힘으로 가능할 것이라는 것을 믿었다.

그 순간, 그는 깨달았다. 지금까지 자신 안에 비어 있던 그 자리, 그 이름 없는 공간은 단순한 공허나 결핍이 아니었다. 그 물음표는 심판이 아니었다. 그것은 초대였다. 그리고 그 초대에 응한 자만이, 진정한 이름을 얻게 되리라는 사실을 그는 알고 있었다.

그 깨달음은 단지 하나의 생각에 머물지 않았다. 그 안에서 무언가가 실제로 바뀌기 시작했다. 그의 내면은 마치 오랜 시간 닫혀 있던 땅처럼 조용히 갈라지고 있었고, 그 갈라진 틈 사이로 빛이 스며들고 있었다.

그날, 씨앗은 동일하게 뿌려졌지만, 땅은 같지 않았다. 누군가에겐 단단한 길이었고, 누군가에겐 얕은 흙이었고, 또 누군가에겐 가시가 뒤엉킨 공간이었다. 그러나 오직 한 사람, 오직 한

밭만이 조용히, 그러나 분명히 갈라지고 있었다.

그 갈라짐은 단순한 금이 아니었다. 그 안에서 들려온 물음표의 초대는 단순한 질문이 아니었고, 삶 전체를 흔드는 하나의 부르심이었다. 그 초대는 그의 영혼을 흔들었고, 리안의 마음 가장 깊은 층을 깨우기 시작했다.

하늘은 그 모든 밭을 지켜보았다. 아무도 관심을 가지지 않았지만, 하늘은 진리를 간절히 찾으며 목말라 하는 땅을 주목하고 있었다. 진리의 농부는 소리 없이 다가와 그 밭에 물을 부었다. 그 물은 그 땅에 향기가 되었다. 그 향기는 리안의 깊은 곳에 스며들며 리안을 깊은 사랑으로 빠져들게 하였다. 그 물은 오래 기다렸던 흙에 들어가듯 천천히, 그러나 확실하게 스며들고 있었다.

그날 밤, 리안은 도시 외곽의 낡고 허름한 여관을 향해 걸음을 옮기고 있었다. 그 여관은 오늘 설교했던 트루드가 머물고 있는 곳이었다. 그의 발걸음은 조용했지만 그 속도는 점점 빨라지고 있었다. 무언가에 끌리듯, 그러나 동시에 무언가로부터 도망치듯. 머릿속은 여전히 트루드의 설교로 가득했고, 가슴 안에서는 설명할 수 없는 뜨거움이 천천히, 그러나 확실하게 일렁이고 있었다.

그 마음은 단순한 감동이 아니었다. 일시적인 깨달음도 아니었다. 그것은 무언가가 실제로 무너졌고, 동시에 다시 시작되려는 지점에서 느껴지는 영혼의 떨림이었다. 리안은 그 떨림을 억지로 해석하지 않으려 했다. 다만, 그 떨림을 따라가야만 한다는 내면의 압력이 그의 온몸을 밀어내고 있었다.

길을 걷는 내내 리안의 표정은 굳어 있었다. 눈동자는 흔들렸고, 입술은 굳게 다물려 있었다. 한 치 앞도 보이지 않을 것 같은 어둠 속이었지만, 그의 눈빛은 이상하리만치 맑았다. 어두운 도시 골목을 지나며 그는 수없이 많은 생각을 했고, 또 지워냈다. '이게 나의 길인가?', '지금 이 감정이 진리인가, 아니면 또 다른 감정의 환상인가?', '진짜로 무너져야 할 것은 무엇인가?'

÷ ÷ ÷ ÷ ÷

작은 여관 앞에 다다랐을 때, 리안은 멈춰 섰다. 문 앞에서 그는 한참을 서 있었다. 불이 꺼진 창 너머로는 아무 소리도 들리지 않았고, 도시의 불빛도 그곳까진 닿지 않았다. 그러나 그의 가슴은 고요하지 않았다. 그의 등 뒤에서는 수많은 것들이 아직도 리안을 붙잡고 있었고, 문 앞에서는 오직 한 존재가 그를 기다리고 있었다.

문을 두드리는 이 단순한 행위가, 자신이 지금까지 붙들고 있었던 전부를 뒤엎을 것이라는 예감이 그를 짓눌렀고, 그 예감은 막연한 상상이 아니라 현실처럼 다가왔다. 문을 두드리는 순간, 이전의 삶으로는 결코 돌아갈 수 없을 것이며, 그 문은 단지 숙소의 문이 아니라, 진리의 집을 여는 문이라는 것을 그는 직감하고 있었다.

문을 두드렸다.

낡은 나무문이 삐걱이며 열렸고, 그 안쪽에서 등불 하나가 희미하게 흔들리며 불빛을 흘려보냈다. 그 불빛 아래, 트루드가 서 있었다. 트루드는 자신을 찾아온 리안을 조용히 맞이했다.

트루드를 본 순간, 리안의 안에서 무엇인가가 복받치듯 치솟았다. 말로 다 설명할 수 없는 것들이 목울대를 타고 올라왔지만, 그는 억지로 삼켰다.

그의 표정에는 격렬한 흔들림이 있었고, 동시에 조용한 결단이 있었다. 그것은 이성으로만 설명할 수 없는 사랑이었고, 감정으로만 해석할 수 없는 확신이었다. 리안은 이제 알고 있었다. 이것은 설명하는 것이 아니라 응답하는 것이며, 감정을 따르는 것이 아니라 계시에 반응하는 것임을 깨달았다.

그는 그 자리에 서 있었다. 손끝이 차가웠고, 숨결은 떨리고 있었다. 한참을 머뭇거리던 그는 고개를 살짝 숙이며 조심스럽게 입을 열었다.

"제 이름은 리안입니다. 저는 이 도시에서 태어나, 평범한 삶을 살아왔습니다. 하지만 오늘, 선생님의 말씀을 듣고 나서 더는 이전처럼 살 수 없다는 걸 알게 되었습니다."

그는 떨리는 숨을 토해내며 말을 이었다.

"선생님! 제가 알고 싶습니다. 어떻게 해야 제가 구원을 받을 수 있습니까. 어떻게 해야 이 진리가 제 안에 심겨질 수 있는지, 어떻게 생명을 얻을 수 있는지, 어떻게 해야 진리를 만날 수 있는지, 그리고 어떻게 해야 제 안에 있는 왕좌를 비우고, 그 자리에 그 진리를 모실 수 있는지. 제발 그 방법을 알려주십시오."

그의 간청은 삶의 중심을 바꾸고자 몸부림치는 존재의 간절한 고백이었고, 한 인격이 다른 인격 앞에 온전히 무릎을 꿇는 항복이었다. 그는 다시는 이전으로 돌아갈 수 없었다. 어떤 대답을 듣게 되든, 그는 이제 더 이상 진리를 흘려보낼 수 없다는 것을 알고 있었다.

그 고백 앞에서, 트루드는 곧바로 대답하지 않았다. 한동안 그의 고백의 무게를 함께 짊어지는 듯한 침묵이 이어졌다.

그는 조용히 자리에서 일어나, 창가 쪽으로 걸음을 옮겨 그대로 밖을 한참 동안 응시하였다.

창 너머 어둠 속으로 흩어진 도시의 불빛이 그의 어깨 너머로 스며들었다.

이윽고 그는 천천히 리안을 향해 돌아섰다. 그의 눈빛은 흔들리지 않았고, 오래전부터 마음속에 새겨진 길을 꺼내듯 조용히 입을 열었다.

"리안, 자네가 진리를 사랑한다면 반드시 이 도시에 대해 다시 생각해야 하네. 진리의 인격을 찾고자 하는 마음이 참된 것이고, 그분이 자네 안에 생명이 되기를 바란다면, 이곳에 계속 머물러서는 안 되네.

이 도시는 겉으로는 진리를 말하지만, 실상은 진리를 배척하는 체계 위에 세워졌네. 수많은 말들이 진리를 흉내 내지만, 말씀 그 자체이신 인격을 받아들이는 일은 철저히 거부되고 있지. 자네도 알다시피, 자네는 너무 오랫동안 이 구조 안에 익숙해져 있었고, 그동안 진리를 향한 마음조차도 억눌려왔지 않나.

이제는 결정을 내려야 하네. 그분을 따르려면, 자네는 이 도성을 벗어나야 하네. 자네 안에 심기려는 진리는 이곳의 환경에서는 결코 자라날 수 없기 때문이야."

그는 조용히 리안을 바라보았다. 말은 멈췄지만, 그 눈빛은 계속해서 말을 건네고 있었다. 리안은 그 시선을 피하지 않았다. 마주한 두 눈 사이에, 말보다 깊은 이해가 흘러들고 있었다.

그는 다시 말을 이었다.

"자네, 이 도시를 떠나는 일이 말처럼 쉬운 일은 아닐 걸세. 여기는 자네가 태어나 자란 곳이고, 자네의 생각과 기준이 만들어진 자리일세. 부모와 가족, 자네가 알고 지낸 모든 사람들이 이곳에 있지. 사르그는 오랜 시간 자네 마음 안에 자리를 잡았고, 자네도 그 구조에 기대어 살아왔던 게 사실일세. 그러니 떠난다는 건 단순히 몸만 움직이는 일이 아니라, 자네 안에 자리 잡은 세계 전체를 내려놓는 일이지.

그러나 자네가 정말로 진리를 사랑한다면, 그리고 그 진리와 하나 되고자 하는 갈망이 거짓 없는 것이라면, 언젠가는 자네의 발걸음이 이 도시를 벗어나게 될 수밖에 없을 걸세. 왜냐하면 진리는 이 도심에는 없기 때문이지. 사르그는 진리를 말하지만, 진리를 거절하는 뿌리 위에 세워진 체계이네. 그래서 이곳에 오래 머무를수록 진리는 점점 더 멀어지고, 자네의 갈망은 점점 더 흐려지게 되어 있지.

그렇기 때문에 진리를 사랑하는 자는 반드시, 언젠가 그 사랑 때문에 진리의 길 위에 서게 되어 있네. 그 길은 누구에게나 보이거나 열리는 건 아니야. 하지만 간절히 찾는 자에겐, 아무리 감추어져 있어도 반드시 보이게 되지. 진리가 자네를 부르고 있다면, 자네는 결국 그 부르심에 응답하게 될 것이고, 그때 자네 앞엔 길이 열릴 걸세."

트루드는 등불 너머로 흐릿한 그림자를 바라보며 천천히 말을 이었다.

"자네가 진심으로 진리와 연합하고자 한다면, 반드시 좁은 문을 지나야 하네. 그 문은 드러나 있지 않아서 대부분은 그 문을 알아보지 못하고, 그 앞을 지나치고 말지. 그러나 자네가 진리의 향기를 따라 걷는다면, 분명 그 문을 찾게 될 걸세.

그 문을 지나면 협착하고 외로운 길이 자네 앞에 펼쳐지게 되지. 사람의 눈에는 그 길이 외롭고 고단해 보일지 몰라도, 그 길은 하늘의 부르심을 받은 사람들만을 위한 길이네. 염려하지 말게. 진리가 자네를 부르셨다면, 자네는 혼자가 아니네. 그 길 위에는 자네를 도와줄 분이 반드시 나타나게 되어 있지."

그의 말은 점점 더 깊어졌다.

"그 길을 따라 걷다 보면, 사르그의 지도에는 기록되지 않은 세 개의 성을 지나게 될 걸세.

먼저 자네는 좁은 문을 통과하여 좁은 길로 들어서게 될 걸세. 그 길을 걷는 중, 첫 번째 성에 도달하기 전 자네 안에 자리 잡고 있던 잘못된 죄의 개념이 무너지게 될 걸세. 자네는 죄를 단순한 감정의 기준으로 판단했지만, 그 길을 걷는 동안 죄의 본질이 '진리 되신 왕의 부재'요 '말씀의 대체'라는 사실을 마주하게 되지. 그 무너짐을 지나 자네는 첫 번째 성에 들어가게 될 걸세. 그 성은 율법의 성이네. 그곳에서 자네는 율법과 율법주의의 차이를 알게 되지. 그리고 자네는 그곳에서 경전에 기록된 율법서 전체의 흐름을 알게 될 걸세.

그 후 자네가 두 번째 성에 이르기까지 걷는 그 길 위에서는, 자네 안에 깊이 자리 잡고 있던 잘못된 의의 개념이 무너지게 될 걸세. 자네는 의로움을 이성적 판단으로 정의하며 도덕이나 성품으로 착각하고 있었지만, 그 길 위에서 의는 오직 하늘의 은혜와 속죄를 통해서만 주어지는 것임을 깨닫게 되지. 그렇게 무너짐을 겪은 후 자네는 예언의 성에 들어가게 될 걸세. 그곳에서 자네는 왜 하늘께서 선지자들을 보내셨고, 그들을 통해 무엇을 말씀하셨는지를 배우게 될 걸세. 또한 그곳에서 자네는 경전에 기록된 선지서들 전체를 이해하게 될 걸세.

그리고 마지막 진리의 성에 이르기 전, 그 길을 걷는 동안 자네는 내면 가장 깊은 중심에 놓여 있던 법의 체계, 곧 스스로를 판단하고 심판하던 내적 기준이 무너지게 될 걸세. 자네는 그 심판의 구조가 마치 진리인 양 자신을 얽매고 있었음을 알게 될 것이고, 그 무너짐 위에서만 참된 진리를 만날 준비가 되지. 그리하여 자네는 마지막에 도달하게 될 성, 진리의 성에 들어가게 될 걸세. 자네는 그곳에서 마지막 성주를 만나게 될 걸세. 그분은 단지 길을 가리키는 분이 아니고, 자네와 연합하기를 원하시는 분이지. 자네는 그곳에서 경전 전체를 통해 왜 그분만이 유일한 길이시고, 유일한 진리이시고, 유일한 생명이신지를 직접 알게 될 걸세. 또한 그곳에서 왜 신을 향한 사랑과 이웃 사랑이 율법과 선지자의 강령이 되는지 알게 될 걸세. 그리고 그곳에서 자네는 진리와 연합하는 것을 체험하고 진정한 회심을 경험하게 될 걸세."

트루드는 다시금 리안을 바라보았다. 그의 말투는 여전히 흔들림 없이 깊고 단단했다.

"그러니 조급해하지 말게. 다만 그 향기를 따라 걷게. 진리를 사랑하는 자는 반드시 그분을 만나게 되어 있네. 자네가 진심으로 진리와 연합하기를 원한다면, 언제가 될지 모르지만 다시 나를 찾아오게. 내가 자네에게 도움을 줄 수 있는 것은 그 좁은 문의 위치와, 그 문을 지나 만날 성들의 경로가 담긴 지도네. 자네가 원하고 다시 나에게 찾아온다면, 그 때 그 지도를 자네에게 건네주겠네.

그러나 기억하길 바라네. 자네가 나를 찾아오지 않는다고 해서, 그 길을 찾지 못하게 되는 건 아니네. 자네가 진리를 참으로 찾는다면 진리의 향기를 맡고 따라가게 되어 있고, 그 향기를 따르다 보면 결국 그 좁은 문을 발견하게 되어 있지. 그리고 그 문을 통과하여 좁은 길을 따르며, 세 개의 성을 하나씩 통과하게 될 걸세. 그것은 준비된 여정이고, 진리가 안에 심겨지는 과정이지.

모든 것을 다 알지 못해도 괜찮네. 다만 진리를 향한 사랑, 그 하나만은 결코 놓치지 말게나."

그는 더 말하지 않았다. 그러나 리안은 무언가가 마음 깊은 곳에서 움직이고 있음을 느꼈다. 지금 이 순간 자기 앞에 한 길이 조용히 열리고 있다는 것을 느꼈다.

리안은 아무 말도 하지 않았다. 그러나 그의 안에서는, 그 말들이 더 이상 말이 아니라 하나의 길처럼 느껴지고 있었다.

그리고 그의 가슴 깊은 곳에서는, 그 길이 이미 시작되고 있다는 조용한 떨림이 일고 있었다.

그는 아직 결정하지 못했다. 아니, 결정보다 먼저, 이 모든 것이 정말 가능한 일인지부터 되묻고 있었다. 자신이 떠날 수 있을까, 그 모든 것을 내려놓을 수 있을까.

리안은 지금은 아무 말도 하지 못했다. 그러나 그의 눈빛은 흔들리지 않고 있었다. 말은 더 없었다. 트루드는 고개를 끄덕였고, 리안도 인사했다. 두 사람은 더 이상 아무 말 없이 헤어졌다.

÷ ÷ ÷ ÷ ÷

집으로 돌아가는 길은 고요했다. 밤공기는 차가웠고, 바람은 낮보다 거칠게 불고 있었다. 리안은 천천히 걸었다. 거리는 조용했고, 몇몇 가로등만이 도시의 잠을 지키고 있었다. 창문마다 불이 꺼져 있었고, 고요 속에 바람 소리만 또렷했다.

그의 손끝은 식어 있었고, 어깨는 무거웠으며, 발은 유난히 느리게 땅을 디뎠다. 그러나 그의 머릿속은 트루드의 말들로 쉼 없이 돌아가고 있었다. 트루드의 모든 말들이 마음속에 살아서 무게를 가지고 남아 있었다.

집 앞에 도착했을 때, 그는 문을 바로 열지 못했다. 손잡이를 잡은 채, 잠시 멈춰 섰다. 그는 이제 이 문을 떠나야 한다는 것을 어렴풋이 알고 있었다.

문을 열고 들어서자, 익숙한 냄새와 온기가 맞아주었지만, 그 안에서도 리안은 조금도 쉴 수 없었다. 안락한 침상이 낯설었고, 조용한 방 안은 왠지 너무 공허했다.

그 밤, 그는 침상에 누울 수 없었다. 책상에 앉은 채, 손을 깍지 껴 머리를 감싸쥐고 있었다. 그 여정이 시작된다는 것은, 단지 길을 나선다는 말이 아니었다. 그는 알고 있었다. 그 길은 사르그에서 멀어지는 길이 아니라, 자신에게서 멀어지는 길이라는 것을.

지금까지 쌓아온 모든 것, 사르그에서의 명성, 사람들의 인정, 가족의 기대, 그가 섬기고 있다고 믿었던 신앙의 구조마저도 모두 내려놓아야 했다. 진리는 부분을 요구하지 않았다. 그분은 전부를 원하셨다.

리안은 손가락을 틀어쥐었다. 숨이 가빠졌고, 가슴은 묵직하게 내려앉았다.

"나는… 할 수 있을까."

그는 진리를 원했다. 그러나 동시에, 사르그의 따뜻한 질서와 익숙한 언어, 알아봐 주는 시선들, 안주할 수 있는 위치, 그 모든 것을 잃고 싶지 않았다. 떠나는 것이 아니라, 죽는 것이라는 생각이 들었다. 그의 두려움은 선택을 막고 있었고, 그의 안주하고 싶은 본능은 끈질기게 속삭이고 있었다.

"굳이 떠나지 않아도 돼. 네가 있던 자리에서도 진리를 알 수 있잖아. 너무 과하지 마."

진리를 향한 갈망은 더 뜨거워졌고, 동시에 더 아팠다. 그 열망은 깊은 곳에서 불붙었지만, 모든 것을 삼키려는 불 앞에서 그는 한 발도 떼지 못하고 있었다.

그는 말없이 책상에 이마를 묻었다. 울고 싶은데 눈물이 나지 않았고, 말하고 싶은데 어떤 말도 진실하지 않았다.

마음의 침묵은 고요가 아니었다. 그 침묵은 죽음 직전의 정적이었다.

한 발만 더 떼면 모든 것이 무너질 것 같았고, 멈춘 채 있자니 살아 있다는 것이 고통스러웠다.

그는 그 밤, 한 문 앞에 있었다. 들어갈 수 없는, 그러나 돌아설 수도 없는, 그 어떤 빛도 없는 문턱이었다.

그는 아직 떠나지 않았다. 그는 아직 전적으로 신뢰하지 못했다. 그는 아직 무너지지는 않았다.

그는 아직 아무 결정도 내리지 못했다. 그러나 그의 안에서는 무엇인가가 조용히 움직이고 있었고, 더는 멈출 수 없는 갈망이 흐르고 있었다. 진리의 향기는 그의 깊은 내면을 계속해서 스며들고 있었으며, 그는 사랑하는 진리와 연합하고자 하는 갈망이 타오르고 있었다.

그리고 마침내, 그는 진리의 짙은 사랑의 향기를 가슴 깊이 안은 채, 깊은 잠에 빠져 들었다.

다음 이야기…

이름 없는 왕
어둠 속의 빛

리안은 깊은 잠에 빠진다. 그러나 그 잠은 단순한 휴식이 아니라 계시로 열려지는 시간이 된다. 그 밤, 리안은 전혀 다른 차원의 꿈 속으로 끌려가고, 이전과는 전혀 다른 실재를 온몸으로 경험하게 된다.

그곳에서 그는 하늘에서 쫓겨난 '용'을 마주하게 된다. 그 용은 하늘의 신을 모방하여 두 짐승에게 권세를 나눠주고, 그 짐승들은 권세를 받아 세상을 미혹하게 된다.

첫째 짐승은 바다에서 올라온다. 그는 죽었다가 살아나신 하늘의 아들을 흉내 내며 사람의 이성을 움직이고, 거짓된 진리로 활동한다.

둘째 짐승은 땅에서 올라온다. 그는 하늘의 영을 모방하고 기적과 표적을 일으키며, 사람의 감정을 자극하고 거짓된 영으로 역사한다.

이 꿈은 단순한 환상이 아니다. 감추어진 채 교묘하게 작동하던 거짓의 실체를 드러내는 계시로 작용한다.

리안은 이 꿈을 통해 사르그 종교제국의 본질이 어디에서 비롯되었는지 깨닫는다.

그 체계가 어떻게 진리를 흉내 내며 사람들을 미혹하고 있었는지 확인하게 된다. 겉으로는 삼위일체를 섬기고 말씀을 높이는 것처럼 보였지만, 실제로는 사람 안에 이미 자리 잡은 타락한 법 위에 세워진 구조였음을 인식하게 된다.

리안의 눈앞에서 펼쳐진 종교 체계는 용으로부터 권세를 받은 첫째 짐승의 권세 아래 움직이고 있었다. 둘째 짐승을 통해 능력을 받은 천사의 형상을 한 자들이 그 체계를 주도하고 있었다. 그러나 그들은 실상 짐승의 본성을 감추고 있었다.

그들은 거짓 계시와 외경들, 신비한 말들로 사람들의 마음을 사로잡았다. 외적인 영광과 체험을 강조했지만, 그 끝에는 언제나 공허가 남았다. 그 체계 안에는 진리가 존재하지 않았고, 말씀이 사람들의 내면에 들어와 거할 수 없었다.

÷ ÷ ÷ ÷ ÷

이후 계시는 더 깊어진다.

리안은 '일곱 머리와 열 뿔'을 가진 짐승의 실체를 더욱 명확히 바라보게 된다. 그 짐승은 이집트, 앗수르, 바벨론, 바사, 헬라, 로마 제국을 통치하며 진리를 대적해 왔다.

그리고 마지막 시대에 들어서자 종교의 탈을 쓴 제국을 세워, 열 개의 왕권과 연결된 전 세계 종교 체계를 통치하게 된다.

그 체계는 모두가 삼위일체를 말하고 예수의 이름을 높이는 것처럼 보였다. 그러나 실제로는 유전되어 내려온 타락한 내면의 법을 진리로 여기게 만들고 참진리가 들어오지 못하게 대적하고 있었다.

리안은 더욱 분명히 깨닫는다.

이 열 개의 종교 왕권은 겉으로는 서로 다른 교리를 가졌지만, 모두가 말씀을 대적하도록 설계되었다. 그리고 이미 로마 제국이 소리 없이 사라진 뒤, 그 자리를 대신해 조용히 세워진 마지막 제국이 바로 현존하는 종교 제국 사르그였음을 알게 된다.

사르그는 지금까지 모든 종교 체계를 하나로 통합한 구조로 세상을 지배하고 있었다.

한편 하늘에서는, 하늘의 신의 뜻에 따라 한 천사가 그 용을 바닥 없는 구덩이에 천 년 동안 가두고 봉인하였다. 그로 인해 사르그 제국의 체제는 겉으로는 혼란 없이 질서를 유지하며 평화로운 시대처럼 보였다. 그러나 진리를 대적하는 일은 여전히 두 짐승이 통치하는 종교 체계 안에서 조용히 지속되고 있었고, 용이 풀려나 강력한 핍박이 시작되기 전까지는, 모든 것이 안정된 것처럼 보였다. 그러나 용이 풀려날 시기는 곧 다가올 것이라는 것을 깨닫는다.

÷ ÷ ÷ ÷ ÷

그 무렵, 리안은 마침내 짐승의 수를 듣게 된다.

그 수는 666이었으며, 사람의 수였다. 이 숫자는 단순한 수가 아니라 '사람의 코드'였고, 곧 짐승의 코드였다. 그 코드는 이미 타락한 모든 사람 안에 존재하고 있었다.

600은 용의 코드이며, 사람 안에 자리한 타락한 내면의 법을 뜻한다.

60은 첫째 짐승의 코드로, 사람의 이성의 판단에 따라 작동하는 도덕과 질서의 기준을 의미한다.

6은 둘째 짐승의 코드로, 사람의 감정의 판단에 따라 정죄와 통제의 구조로 작동한다.

이 구조는 외부에서 주입된 것이 아니었다. 사람이 타락할 때부터 유전으로 안에 품고 태어난 구조였으며, 안에서부터 작동하면서 진리가 결코 들어올 수 없는 틀을 형성하고 있었다. 그는 이 구조가 어떻게 사람들의 이성과 감정을 통해 내면을 통제해 왔는지를 분명히 깨닫게 된다.

또한 리안은 그 틀을 깨뜨릴 수 있는 유일한 능력이 오직 신의 말씀의 검에 있음을 알게 된다.

÷ ÷ ÷ ÷ ÷

그러나 이 계시의 마지막에서, 리안은 처음으로 말씀이신 분의 이름을 듣게 된다. 그 이름은 어떤 책에도 기록되지 않았고, 오직 '말씀' 이라 불리며 살아 있는 인격으로 존재하고 있었다. 그 이름은 사람의 입술로 함부로 부를 수 있는 개념이 아니었다. 그분은 진리 안에서만 알 수 있는 사랑의 인격으로 계시되고 있었다.

사르그는 그분의 본질이신 진리를 대적하기 위해 모든 종교 체계를 움직여 왔다. 사람들은 그분의 본질을 외면한 채 이름 없는 분의 이름을 만들어 부르며 그것이 신앙이라고 착각하며 살아왔다. 이처럼 짐승의 권세는 그분의 본질을 덮어버리고 이름만 부르게 하는 방식으로 역사해 왔다. 진리가 그들이 만든 이름으로 대체되었고, 그 중심이 사라진 자리에 거짓된 체계가 세워졌다.

리안은 그 모든 과정을 목격하게 된다.

결국, 리안은 '이름 없는 왕'의 본질에 대해 듣게 된다. 그분은 세상의 책에 기록된 이름은 없지만, 그 본질은 곧 살과 피가 흐르는 말씀이셨다. 그 말씀이 곧 그분의 인격이었고, 그분은 자신을 사랑하는 자들과 하나 되기를 원하셨다. 그분은 진리로 연합하기를 간절히 바라셨고, 리안은 그것을 분명히 알게 된다.

마침내, 리안은 자신의 내면의 법이 좁은 문을 통과하여 걷는 좁은 길 위에서만 무너질 수 있다는 사실을 받아들이고, 그분과 하나 되기 위해 트루드가 가리킨 '진리의 성'을 향해 사르그를 떠난다.